科技教师能力提升丛书

科学思维与科学探究

闫莹莹 赵溪 主编

清华大学出版社

北京

内容简介

本书旨在通过剖析科学史中的经典案例和中小学生科学探究案例，帮助科技教师梳理探究的过程与方法，重塑探究过程中科学思维的表达与运用，从而能熟练运用科学思维和相关工具指导科学探究。本书分为科学思维概述、科学思维的工具——逻辑推理、科学思维促进科学探究三章。

本书可作为中小学校、校外培训机构、科技馆所等科技教师和科技辅导员的培训用书，也可作为教师提升科学素养，提高专业能力，开展教学活动的参考用书。

本书封面贴有清华大学出版社防伪标签，无标签者不得销售。
版权所有，侵权必究。举报：010-62782989，beiqinquan@tup.tsinghua.edu.cn。

图书在版编目（CIP）数据

科学思维与科学探究 / 闫莹莹，赵溪主编 .—北京：清华大学出版社，2020.12（2021.7重印）
（科技教师能力提升丛书）
ISBN 978-7-302-56944-2

Ⅰ.①科… Ⅱ.①闫… ②赵… Ⅲ.①科学思维 Ⅳ.① B804

中国版本图书馆 CIP 数据核字（2020）第 228203 号

责任编辑：田在儒
封面设计：刘　键
责任校对：袁　芳
责任印制：宋　林

出版发行：清华大学出版社
　　　　网　　址：http://www.tup.com.cn，http://www.wqbook.com
　　　　地　　址：北京清华大学学研大厦A座　　邮　　编：100084
　　　　社　总　机：010-62770175　　邮　　购：010-62786544
　　　　投稿与读者服务：010-62776969，c-service@tup.tsinghua.edu.cn
　　　　质量反馈：010-62772015，zhiliang@tup.tsinghua.edu.cn
印 装 者：小森印刷（北京）有限公司
经　　销：全国新华书店
开　　本：203mm×260mm　　印　张：7.5　　字　数：163千字
版　　次：2020年12月第1版　　　　　　 印　次：2021年7月第2次印刷
定　　价：59.00元

产品编号：087395-01

丛书编委会

顾 问

吴岳良　匡廷云　金　涌　黎乐民　赵振业　张锁江

主 编

马　林

副主编

刘晓勘

编委成员（以下按姓氏笔画排序）

王　田　王　霞　朱丽君　毕　欣　闫莹莹　何素兴　李　璠
杜春燕　张　飞　张　珂　张晓虎　陈　鹏　陈宏程　卓小利
周　玥　赵　溪　郑剑春　郑娅峰　高　山　高　凯　郭秀平
傅　骞　谭洪政

评审委员（以下按姓氏笔画排序）

王洪鹏　叶兆宁　付　雷　付志勇　白　明　白　欣　司宏伟
吕　鹏　刘　兵　刘　玲　孙　众　朱永海　张文增　张军霞
张志敏　张增一　李云文　李正福　陈　虔　林长春　郑永春
姜玉龙　柏　毅　翁　恺　耿宇鹏　贾　欣　高云峰　高付元
高宏斌　詹　琰

项目组组长

张晓虎

项目组成员（以下按姓氏笔画排序）

丁　岭　王　康　王小丹　王志成　王剑乔　石　峭　田在儒
刘　然　吴　媛　张　军　张　弛　张和平　芦晓鹏　李　云
李佳熹　李金欢　李美依　屈玉侠　庞　引　赵　峥　洪　亮
聂军来　韩媛媛　程　锐

本书编委会

主 编

闫莹莹　赵　溪

主 审

周又红　李　岗　马志洪

编 委

（按姓氏笔画排序）

杜春燕　张　亚　张俊菊

卓小利　甄　奕

丛书序

当前，我国各项事业已经进入快速发展的阶段。支撑发展的核心是人才，尤其是科技创新的拔尖人才将成为提升我国核心竞争力的关键要素。

青少年是祖国的未来，是科技创新人才教育培养的起点。科技教师是青少年科学梦想的领路人。新时代，针对青少年的科学教育事业面临着新的要求，科技教师不仅要传播科学知识，更要注重科学思想与方法的传递，将科学思想、方法与学校课程结合起来，内化为青少年的思维方式，培养他们发现问题、解决问题的能力，为他们将来成为科技创新人才打牢素质基础。

发展科学教育离不开高素质、高水准的科技教师队伍。为了帮助中小学科技教师提升教学能力，更加深刻地认识科学教育的本质，提升自主设计科学课程和教学实践的能力，北京市科学技术协会汇集多方力量和智慧，汇聚众多科技教育名师，坚持对标国际水平、聚焦科技前沿、面向一线教学、注重科教实用的原则，组织编写了"科技教师能力提升丛书"。

丛书包含大量来自科学教育一线的优秀案例，既有针对科技前沿、科学教育、科学思想的理论探究，又有与 STEM 教育、科创活动、科学课程开发等相关的教学方法分享，还有程序设计、人工智能等方面的课例实践指导。这些内容可以帮助科技教师通过丰富多彩的科技教育活动，引导青少年学习科学知识、掌握科学方法、培养科学思维。

希望"科技教师能力提升丛书"的出版，能够从多方面促进广大科技教师能力提升，推动我国创新人才教育事业发展。

丛书编委会

2020 年 12 月

前 言

科学与技术的日新月异，正在深刻影响着人们的生活。青少年从小就不断感受着科技发展对生活的影响。在科技实践活动与科学课堂中，关注学生思维的激发、思维过程的形成、思维能力的提升，培养学生的创新精神与实践能力，正是当今科技教师的使命与责任。科技教育要在基础教育阶段培养青少年的科学素养、树立青少年的科学观念、引导青少年掌握科学思维方法、提升青少年的科学研究能力，为国家持续培养科技创新后备人才。

在教学实践中，科学探究与科学思维无法分割，科学教育的过程要真正体现科学探究的本质，就必须把焦点置于科学思维方法的培养上。学生通过学会用科学的思维方法解决自身学习、日常生活中遇到的问题。在科学探究活动中，教师通过设立疑难情景，引导学生提出科学问题，并为了解决这一问题提出假设，利用科学手段验证假设。可以说，科学思维是科学探究的指南针，科学探究是科学思维的展示台。

本书共3章内容，各章节之间呈现从概念到方法到教学应用的递进关系。

第1章 科学思维概述：通过科学史上和科学探究进程中的典型案例说明科学思维对科学探究的重要促进作用。设计方法是：思维的形成与意义；科学思维的定义与意义；科学史与科学思维；青少年科学探究与科学思维。

第 2 章　科学思维的工具——逻辑推理：目前科学界和教育界总结出来的典型科学思维方法和工具。设计方法是：每种逻辑推理的方法包括很多不同的种类以及原则；可以在案例中进行举例解释和诊断分析；科学探究中的逻辑推理活动主要是归纳推理、演绎推理和类比推理等。

第 3 章　科学思维促进科学探究：科学思维在科学探究教学中的应用。解读科学探究的若干要素；每个要素应利用什么样的思维工具；利用具体的探究活动案例指导教师开展探究。

由于编者水平有限，书中若有疏漏之处，敬请广大读者批评、指正。

本书编委会
2020 年 12 月

本书勘误及教学资源更新

目 录

第 1 章 科学思维概述

CHAPTER 1

1.1 科学思维是什么 /3
    1.1.1 科学思维的概念 /3
    1.1.2 科学思维对青少年科学探究的重要意义 /6
    1.1.3 科学思维在青少年科学研究中的作用 /7

1.2 历史中的科学探究案例 /13
    1.2.1 科学史的启示 /14
    1.2.2 科学思维方式与科学探究 /15

1.3 青少年科学探究中的科学思维 /19
    1.3.1 青少年科学探究的特点 /19
    1.3.2 培养科学思维的探究活动过程 /19
    1.3.3 教师指导学生思维发展的有效途径 /21
    1.3.4 青少年科学探究案例——北京师范大学附属中学王月林的探究道路 /21

第 2 章 科学思维的工具——逻辑推理 25

2.1 认识科学的工具：归纳推理 / 27
    2.1.1 什么是归纳推理 / 27
    2.1.2 归纳是个宝，乱用可不好 / 29
    2.1.3 归纳推理，总结规律 / 31
    2.1.4 我们身边还有哪些可以归纳的 / 33

2.2 认识世界的工具：演绎推理 / 34
    2.2.1 从一般到特殊的演绎推理 / 34
    2.2.2 如何进行正确的演绎推理 / 36
    2.2.3 通过演绎推理探索世界 / 38
    2.2.4 演绎推理在教学中的尝试 / 40

2.3 认识创造的工具：类比推理 / 40
    2.3.1 从特殊到特殊的类比推理 / 40
    2.3.2 掌握类比推理的双刃剑 / 43
    2.3.3 启发灵感的类比推理 / 44
    2.3.4 类比推理在教学中的尝试 / 45

第 3 章 科学思维促进科学探究 47

3.1 有趣的发散思维和提出问题 / 49
    3.1.1 发现很有趣 / 49
    3.1.2 思维导图怎么用 / 52
    3.1.3 利用思维导图提出问题 / 53

3.2 比较迁移和作出假设 / 55
    3.2.1 关于假设 / 55
    3.2.2 师法自然——从荷叶效应到纳米仿生学 / 56
    3.2.3 "比较迁移、作出假设"活动案例分析 / 57

3.3 批判思维和制订计划 / 60

    3.3.1 研究计划与批判思维的基础知识 / 60

    3.3.2 巧用批判思维提出想法 / 61

    3.3.3 拓展应用——批判思维在小组研究计划中的应用 / 63

3.4 利用多渠道、多种方法收集证据 / 68

    3.4.1 关于证据的基本知识 / 68

    3.4.2 收集证据的方法和手段 / 70

    3.4.3 以《北京城区横纹金蛛支持带功能研究》为例收集资料 / 70

3.5 常用的实验数据分析与处理方法 / 78

    3.5.1 运用列表法和作图法对实验数据进行处理 / 78

    3.5.2 对实验数据进行分析 / 80

    3.5.3 利用 Excel 统计分析横纹金蛛利用白色条带捕食的数据 / 81

3.6 以科学归纳推理得出结论 / 85

    3.6.1 关于结论的基本知识 / 85

    3.6.2 应用归纳推理得出结论 / 85

    3.6.3 应用科学归纳推理得出"横纹金蛛网上的白色条带具有捕食功能"的结论 / 86

    3.6.4 研究结论的表述方式 / 89

3.7 归纳类比和展示交流 / 90

    3.7.1 科学探究项目中展示交流的要求 / 90

    3.7.2 展示交流中的思维工具 / 90

    3.7.3 归纳类比在论文 / 报告撰写中的应用 / 91

3.8 反思与评价 / 94

    3.8.1 从教育的角度反思 / 94

    3.8.2 "六项思考帽"的思维工具 / 95

    3.8.3 "六项思考帽"的平行思维的多维度评价 / 98

CHAPTER 1
第 1 章

科学思维概述

1.1　科学思维是什么

1.2　历史中的科学探究案例

1.3　青少年科学探究中的科学思维

你能说明什么是科学思维吗?

科学思维到底如何指导我们的教育、教学工作?

科学思维对于少年儿童建立个人价值观,构建自然与社会问题的看法有着不可替代的作用。

1.1 科学思维是什么

1.1.1 科学思维的概念

思维是人脑对客观现实概括的、间接的反应。心理学的研究领域中就有思维心理学，中国学生发展核心素养课题组组长林崇德曾提出："智力是成功地解决某种问题（或完成任务）所表现的良好适应性的个性心理特征，思维是智力的核心成分。"——《思维心理学研究的几点回顾》在儿童时期培养思维品质极为重要。思维根据维度不同有着不同的分类形式，例如形式维度、倾向维度等。那么本书的核心概念——科学思维属于什么维度上的思维呢？厘清这一概念，既有助于让我们了解科学与思维的关系，又有助于指导青少年开展科学研究，有意识地培养科学思维。这是一件颇有难度的事，因为在不同学术理论中，对科学思维有着不同的"定义"（见图1-1）。

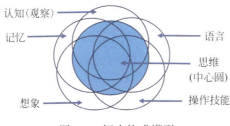

图 1-1 智力构成模型

胡卫平认为："青少年的科学思维能力是一种特殊的能力，是一般思维能力与科学学科的有机结合，是一般思维能力发展与科学教育的结晶，是科学能力的核心。所谓科学思维，就是具有意识的人脑对自然界中事物（包括对象、过程、现象、事实等）的本质属性、内在规律及自然界中事物间的联系和相互关系的间接的、概括的和能动的反应。科学思维从属于一般思维，除具有一般思维的特点外，还有精确性和近似性的统一、抽象性和形象性的统一两个显著特点。"——《青少年的科学思维能力研究》

刘国建认为："现代科学思维有两个维度上的含义：一是指在科学认识活动过程中的思维；二是指时间成本最省且正确高效，具可操作性的思维。"——《论理论思维与科学思维》

Robert M. Martin 认为："Scientific Thinking is a practical guide to inductive reasoning—the sort of reasoning that is commonly used in scientific activity, whether such activity is performed by a scientist, a reporter, a political pollster, or any one of us in day-to-day life."（科

学思维是归纳推理的实践指导,归纳推理是科学活动中普遍使用的一种推理,无论你是一名科学家、记者还是政治民意调查员,我们每天都在运用科学思维。)

以上观点,既有来自哲学领域的,又有来自心理学领域的,由于研究角度的不同,难以达成统一概念。所以,我们在这一部分挑选了两个基础教育阶段课标与课本中对科学思维的定义进行展示并加以分析,以期望形成一个能够被大多数科技教育工作者所接受的概念。

定义一:科学思维是指尊重事实和证据,崇尚严谨和务实的求知态度、运用科学的思维方法认识事物,解决实际问题的思维习惯和能力。——《普通高中物理学课程标准》(2017年版)

定义二:科学思维,泛指符合认识规律、遵循逻辑规则的思维,是能够达到正确认识结果的思维。它与主观臆想的、不合逻辑的、片面僵化的思维相对立。科学思维具有以下主要特点:追求认识的客观性;追求认识的定量化;科学思维的结果具有普遍适用性。——人教版《高中思想政治》选修4课本

以上两个定义可以说并不相近,但是又没有逻辑上的错误,为何会出现这样的现象?我们首先要明确的是"科学思维"这一概念包含复杂而丰富的外延,科学精神、科学方法等均是以思维的形式予以体现。在基础教育领域,不同学科都在科学思维中选取了适合本学科内容的外延,因而出现了大相径庭的定义,而在本书中,我们所关注的外延要与另一个核心概念"科学探究"所联系。本节及以后所出现的科学思维这一概念都是与青少年科学探究相契合的。就好像我们在探讨"海洋与生物"主题时,海洋被视为了生态系统,可以按照区域分为沿岸生态系统、大洋生态系统、上升生态系统等,而在探讨"海洋与国防"主题时,我们则将海洋视为《联合国海洋法公约》的主体,按照区域可以分为内水、领海、专属经济区和公海等。两者都是海洋概念的外延,虽不矛盾但也难以统一。

明确了这一要点,我们就可以开始着手分析物理课标与思想政治课中的两个定义了。普通高中物理学课程标准的定义非常注重"实"的表达,52个字里就出现了三次,分别为:尊重事实、崇尚务实、解决实际问题。这是因为物理学作为一门自然科学,其研究对象就是真实客观的物质世界,而通过实验进行探究与验证也是物理学家开展研究的重要手段。需要注意的是,物理学尤其是当代物理学是实证思维与逻辑思维并重的学科,当代很多理论都是物理学家通过逻辑推理或是被称作思维实验的方式提出,再投入人力、物力进行验证。例如1916年,爱因斯坦基于广义相对论预言了

引力波的存在，而后物理学家与天文学家建造了各种各样的设备来寻找宇宙中的引力波，美国物理学家泰勒和他的学生赫尔斯连续30年对一个名为PSR1913+16的双中子星系统进行观测，并获得了引力波存在的间接证据，两人因此荣获1993年诺贝尔物理学奖（见图1-2）。2015年，LIGO合作组宣布直接观测到了引力波，成为当年最为热门的物理学发现。从1916年的预言到2015年的实证，整整跨越了一百年，而这一百年物理学家们的不懈努力就是对科学思维的有力诠释。

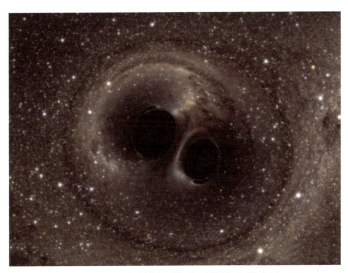

图1-2 两个黑洞碰撞也可能放出引力波

高中思想政治中所定义的科学思维，则在强调逻辑推理的同时指明了科学思维的目的性：达到正确认识结果。需要强调的是，这里所说的达到正确结果是目的而不是结论，也就是说科学是追求真理的，但现有科学理论不一定是真理，由此可以得知，科学是一个不断自我怀疑的过程。卡尔·波普尔在其著作《猜想与反驳》中提出了科学与非科学划分的证伪原则。即科学只可证伪，不可证实，虽然这一论证在当今看颇有争议，但也在大部分情况下有其合理性，很多时候科学就是依靠批判已有理论前进的，例如科学家对于原子结构的探索（见图1-3），从实心小球模型、葡萄干蛋糕模型、行星模型、玻尔模型到电子云模型。一代代科学家不断对已有原子结构模型进行证伪，并提出新的理论，推动了人们对于原子结构的深入认识，这一过程已经持续了一百多年。现在的原子模型是正确的吗？我们只能说在没有被证伪之前是正确的。所以，科学思维应该包括反思思维，拥有独立思考的能力，不盲从权威对科学发展至关重要。

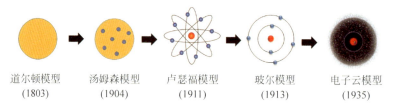

图 1-3　科学家对于原子结构的探索过程

综上所述，科学思维应至少包含三个外延概念，即实证思维、逻辑思维与反思思维。而这三个概念在青少年科学探究过程中如何具体表现？起着何种作用？我们将在 1.1.3 小节予以更为详细的叙述。

1.1.2　科学思维对青少年科学探究的重要意义

科学活动以及科学思维对于人类社会发展与存续的重要意义将在 2.1 节进行阐述，这一部分探讨的重点是对于青少年教育而言的意义。

纵观教育的发展历史，现代教育是伴随工业文明产生而兴起的，以传授知识与生产技能（读、写、算等）为主要目的，而我国基础教育在早期深受苏联教育家凯洛夫教育思想的影响，以知识为传授重点、以教师为中心的课堂组织形式大行其道，深深影响了我国一代教育工作者。可随着科学技术的飞速发展，知识以爆炸性速度增长，教育内容却难以与时俱进，两者产生了断层现象。而随着科学技术发展加速度的进一步提高，在学校进行学习的青少年，进入社会后面临着所学知识沦为过时、无用甚至是错误认识的局面。为了改变这一现状，我国教育工作者做了诸多努力，包括建立终身学习制度，对未来社会所必需的素养进行预测并以此开展教育改革，而其中最核心的则是教育目标的转变：从传授知识为第一要务向培养全面发展的人而转变。而中国学生发展核心素养（以下简称"核心素养"）则是我国教育工作者对这一命题的最新研究成果，也是我国开展教育改革的风向标（见图 1-4）。

青少年科学探究在学校教育中以理科学科教育、研究性学习、综合实践课、社团等为实践阵地。在核心素养中，科学精神与青少年科学探究活动的匹配度最高。

从核心素养的描述中可知，实证和逻辑出现在了理性思维条目中，在该条目中也出现了"能运用科学的思维方式认识事物、解决问题、指导行为等"的描述，而批判质疑则作为反思的近义概念单独成为条目。虽然表述有差异，但依然可以发现我们所提出的科学思维的三个外延：实证思维、逻辑思维与反思思维均出现在了这一部分。

核心素养与本书提出的外延概念互相印证，进一步说明通过青少年科学探究培养相关科学思维是具备理论基础与重要意义的。

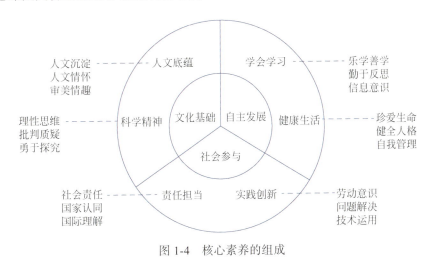

图1-4 核心素养的组成

1.1.3 科学思维在青少年科学研究中的作用

在1.1.1小节，我们明确了青少年科学探究相关的科学思维的外延；在1.1.2小节，我们论证了通过青少年科学探究培养科学思维的价值与意义。而在1.1.3小节，将通过讨论三个外延在青少年科学探究中的作用，以期形成一个在青少年科学探究过程中可操作、可评价的指南。

在开始寻找答案之前，我们首先要了解青少年科学探究的过程。接下来将给出顺序被打乱的青少年研究案例，请根据要求进行互动。

（1）阅读每个步骤，根据逻辑顺序进行排序，将顺序标号写在各段落的前方。

（2）判断这一段落属于哪个探究要素，与最右侧的步骤进行连线。

经过以上活动可知，青少年科学探究的完整过程为：提出问题、作出假设、制订计划、收集证据、处理信息、得出结论、表达交流与反思评价。这八个步骤是青少年科学探究的实质内容，本质是培养青少年科学素养的载体，如果教师在辅导过程中加以重视，就能高效达成"做中学"的任务，使得青少年切实提高科学素养。反之，如果只重视完成项目、获取成绩，则就只有"做"没有"学"，学生的收获只能依靠自身进一步领悟理解，"做中学"的目标难以达成。而这八个步骤实际上也是杜威所提出的"思维五步"的延伸。

刘小飞研究展示	
刘小飞在某面馆吃饭后闹肚子,她经过观察,发现摆放在餐桌上的辣椒、醋等调味料瓶子不是很干净,她闹肚子是否和这个有关呢?	收集证据
经过思考,刘小飞认为餐馆里的辣椒、醋这种调味料容器可能长时间不清洗,很多都不是密封保存,而且加入后已经不能经过烹调高温消毒,所以存在健康隐患。	制订计划
刘小飞前往不同的餐馆,用无菌容器采集了摆放在桌面上的调味料,并进行检测;设计并实施了不同储藏方法对调味料卫生状况影响的实验。同时,她还询问了餐馆服务员多长时间对容器进行清洗。接下来,她还查阅了《餐饮服务食品安全操作规范》《国家食品安全法》等内容,希望能够找到相关要求与依据。走访了食药监总局、酱油厂商、医院细菌室等部门,询问相关问题。	处理信息
刘小飞将所有流程进行总结,获得了以下心得体会:严谨求精的精神,注重细节,数理化统计与专家的建议在整个研究中非常重要。	作出假设
刘小飞作出以下结论:①不干净的自助调料会导致食源性疾病,中式快餐馆自助调料存在严重的食品安全隐患。②目前对自助调料的卫生标准不完善,对餐馆服务人员将调料分装在调料瓶的安全操作规范也仍是个空白。③标准规范的建立和完善对中式快餐馆自助调料的食品卫生安全现状有积极的促进作用。	提出问题
经过一系列实践研究,刘小飞获得了实验数据、采访记录、相关资料和实地考察成果等信息,她将这些成果进行整理,寻找其中的规律,推测产生的后果。	反思评价
刘小飞为了证明自己的假设,准备开展调查,包括采集样品进行菌落总数与致病菌检测,查阅相关规定,对餐馆人员进行采访等。	表达交流
刘小飞将以上成果总结成论文《中式快餐馆自助调料食品安全现状调查及分析》,参加相关科技类活动,在活动中参加答辩,与评委、其他选手和观众展开交流。	得出结论

由于思维在智力活动中的重要地位,所以每个步骤都会应用多种科学思维或其他类型思维,为了更有针对性地加以培养,在接下来的分析中仅选取最为关键的思维形

式进行阐述。

1. 提出问题与反思思维（批判性思维）

提出问题是科学研究的起始阶段，其最大的敌人就是反思思维的缺失，如果对生活中的一切都抱有坦然接受、司空见惯的态度，对所有解释全盘认可，是难以提出问题的，甚至会在谬误中越走越远，成为不合理、不科学事物的拥趸。

在哥白尼之前的有些天文学家即是如此，他们信奉古希腊学者的"地心说"，认为地球是宇宙的中心，向外依次排布了围绕地球转动的月球、水星、金星、太阳、火星、木星等天体。将该学说合理化的托勒密提出了运行轨道概念，并设计了本轮均轮模型，运用这一模型可以以数学运算的形式来推断天体位置，由于古希腊及以后的一段时期，观测手段极为有限，观测水平较低，所以本轮均轮模型确实能够准确预测。可是随着观测手段的进步，本轮均轮模型开始出现误差。当时的天文学家并没有反思是否是地心说本身的错误，而是用增加本轮的方法来进行补救，这种在错误理论上修补的方法只能导致理论越来越复杂，最终本轮增加到了80多个，可误差依然没有消失。直到16世纪，哥白尼提出"日心说"。持续了上千年貌似坚固无比的"地心说"土崩瓦解，逐渐被淘汰在历史的尘埃中。不出意外的是，哥白尼所提出的日心说也有其局限性，今时今日我们已经认识到，太阳也不是宇宙的中心，只是太阳系的中心，太阳系属于银河系，而银河系之外还有河外星系，宇宙的中心在哪里，甚至宇宙是否存在中心，到今天依然是一个等待人类探索的科学命题。即便如此，哥白尼推翻"地心说"，创立"日心说"，也成了反思思维的最完美诠释。独立思考、怀疑进取、不断创新成了科学精神的组成部分（见图1-5）。

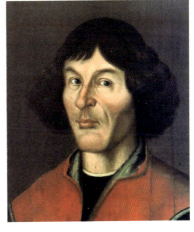

图1-5 勇于批判的哥白尼

2. 作出假设、制订计划与逻辑思维

提出的问题可以是天马行空的或者是异想天开的，但要将其变为一个切实可行、可进行验证的科学研究过程，则需要利用逻辑思维作出假设和制订计划。

作出假设是在开始科学验证之前，提前对这一问题进行合理化解释，以便在实证阶段有的放矢。这个假设必须是可以验证的。宗教之所以不是科学，就是因为对于世界起源、人存在的意义、死后世界等问题的解释，看起来能够自圆其说，但其实无法验证。拿中国古人对于死后世界的解释来说，人死后便舍弃了躯壳，变为亡灵进入地府，想要重新进入轮回，就会忘却前世的所有记忆。这种说法就杜绝了进行验证或证伪的可能性，因为没有活人能进入死后世界，而轮回转世的人又不可能有在地府的记忆。

科学方法并非全知全能，需要从特殊事例中提炼出一般规律，即进行归纳推理，可是，如何选择合适的样本？如何在有限的时间利用有限的精力来获取最有说服力的证据呢？这就需要运用逻辑思维进行分析并帮助制订计划。

在西双版纳，曾进行过一次有趣的假毛虫实验，科研人员在西双版纳的雨林中穿梭，在植物上摆放了用橡皮泥捏出来的假毛虫，几天后将这些假毛虫回收，确认它们是否"活着"。实际上，这只是"全球假毛虫计划"的一部分，该项目是瑞典的科研人员 Tomas Roslin 发起的，他用黏土制作了 2900 多条假毛虫，然后通过全世界 40 多个科研人员把这些假毛虫放到了从北极到澳大利亚之间不同纬度和海拔的自然环境下。这项科研成果于 2017 年 5 月刊登在了《科学》杂志上，并且在网站首页进行了报道。

这项研究是希望通过观察假毛虫受攻击的痕迹来探寻捕食规律。这个研究虽然听起来好玩，但其实经过了缜密的逻辑思维推理。如果直接观察野外毛虫是被谁捕食的，需要耗费科研工作者大量的时间，毛虫个体太小，无法通过在野外架设相机自动跟踪；毛虫没有骨骼，在捕食者粪便中尸骨无存，无法判断；毛虫的捕食者还包括蚂蚁和黄蜂等昆虫，它们的粪便更是难以追踪和收集。所以科研工作者利用逻辑思维中的类比推理，既然大部分捕食者都是依靠视觉来确定猎物的，就用不能动的模型好了。这样大大降低了观察的难度，还能让全世界的科研工作者共同参与到计划中，获取来自不同地区环境的数据，大大丰富样本量和类型，让归纳出的结论更有说服力。

3. 收集证据、处理信息、得出结论与实证思维

如果说提出问题、作出假设和制订计划属于科学研究中的设计阶段，那么收集证据、处理信息和得出结论则是科学研究中的实施阶段。在科学研究中，不管是自然科学还是社会科学，实证研究都是最为普遍、最值得信任的研究方法。而在青少年科学研究中，实证更是必备选项，这是因为青少年的知识储备、生活经验、课余时间难以支撑以演绎、思辨为主要方法的规范研究，而实证研究的选题更接近青少年的生活经验，更容易实现和理解。

有关幽门螺旋杆菌的发现就是个绝佳例证。幽门螺旋杆菌是一种栖息在人体胃部的细菌，能够导致慢性胃炎、消化性溃疡、胃癌等疾病，通过粪口、口口、胃口途

径传播，是一种广泛传播的慢性细菌性感染。这样一种"出镜率"极高的细菌，应该早就被人类发现与描述，但实际上，医学界普遍承认其存在，并且认定其为多种胃部疾病的致病因素，仅距今不到30年。究其原因有三点：①科学界认为胃部的强酸性环境难以令细菌长久生存繁衍；②幽门螺旋杆菌对于宿主极为挑剔，在体外培养条件苛刻、培养时间长，仅有少数动物能够成为宿主，也不表现为人类的症状；③传统认为，导致慢性胃炎的主要因素是压力或者不健康的饮食习惯，治疗慢性胃炎的方法是使用"治标不治本"的抑酸药剂来中和胃酸，由于没有从根本上抑制致病源的传播，慢性胃炎感染人群数量大，抑酸药剂的市场也随之扩大，当时已经是一个几十亿美元的巨大市场了，承认这一误区会撼动大制药公司的利益，大部分医学项目研究都需要由医药公司提供资金支持，他们当然不愿意去培育一个"砸碎聚宝盆"的科学研究。

以上困难最终被澳大利亚的两位科学家罗宾·沃伦和巴里·马歇尔——克服，他们为了追求真理所作的种种可贵努力：自1979年罗宾·沃伦在病理标本中看到这一细菌，到1994年获得学界普遍承认，历经了15年时间，两人也因这一科研成果在2005年获得诺贝尔生理学和医学奖。

在开始介绍这一波澜曲折的科学史故事之前，请读者思考，如果你是罗宾·沃伦或巴里·马歇尔，面对上文所叙述的三个困难，如何通过自己的实践来获取更多有力的证据呢？请将自己的思考记录到表1-1中。

表 1-1 实证方法

面临问题	实证方法 1	实证方法 2	实证方法 3
学界认知误区：胃部强酸环境使得细菌无法生存	例如，在慢性胃炎病理样本中不断寻找细菌		
细菌特性：很难找到与人类相似反应的宿主			
细菌特性：体外培养周期长、条件苛刻			
其他因素：难以获得足够的科研经费进行广泛的临床实验			

接下来，我们就正式开始介绍并体会其中实证思维的重要作用。幽门螺旋杆菌首次被发现于1875年，德国解剖学家在胃黏膜中观察到了它们并试图在体外培养分离，但最终失败。后来的一百年间，各地的科学家数次观察到了它们的存在，甚至一位波

兰科学家已经猜测到幽门螺旋杆菌与胃病的联系,可他的波兰语论文没有得到重视。直到 1975 年,随着电子显微镜技术的发展,首次通过电子显微镜发现了幽门螺旋杆菌,才再次引起了人们的关注。

1979 年,罗宾·沃伦在标本中观察到了幽门螺旋杆菌,并在 1981 年邀请巴里·马歇尔共同开始研究。两人的首次实证研究是对 20 位病人的标本进行检测(收集证据),在其中均发现了螺旋形细菌的存在(处理信息),这一结果可以证明胃部环境也可以有细菌存活(得出结论)。随后马歇尔对自己的一位病人进行了第二次实证探索,用抗生素来治

图 1-6 巴里·马歇尔(左)与罗宾·沃伦(右)

疗胃病。结果,病人在两周后来告诉他胃痛消失了。这次浅尝即时给了马歇尔和沃伦很大的鼓励。他们开始尝试分离这种细菌,可是屡次实验都没有成功,因为他们按照常规操作对样品培养两天,但两天时间对于幽门螺旋杆菌来说是远远不够的(见图 1-6)。

转机发生在 1982 年的复活节,两人将培养皿放到培养箱中后,就沉浸在节日的欢乐氛围中。直到 5 天以后,实验室助手告诉他们培养成功了。他们开始在学术会议上介绍他们的发现:在胃溃疡病理样品中进行细菌分离(收集证据),经过长时间的培养,分离出了螺旋形细菌(信息处理),这种螺旋形细菌有可能是导致胃溃疡的真凶(得出结论)。他们将这一结果发表在澳大利亚皇家医师协会年会,写信给知名医学杂志、各大医药公司等,但毫无例外,换来了无视与嘲笑。

万幸的是,总算有一家小型制药公司给他们提供了经费以便他们继续开展研究,他们开始进行动物实验和小型临床实验(收集证据),实验结果表明,使用抗生素的效果远远优于使用抑酸剂的治疗效果(处理信息),胃溃疡确实是由细菌导致的,而非不良的生活习惯(得出结论)。

即使获得了诸多实践证据,他们的成果依然无人认可,于是两人又进行了一次实证研究:人为让动物感染幽门螺旋杆菌,观察它们是否出现胃炎症状。可由于上文提到的幽门螺旋杆菌的"过人之处",这次研究无果而终。

1984 年,两人在《柳叶刀》杂志上发表了那篇后来奠定获得诺贝尔奖基础的论文"胃炎和胃溃疡患者胃部发现的不明弯曲杆菌",可是讥讽没有停止。考虑再三的马歇

尔做了那件让自己被医学界永远铭记的实证研究：喝下混有数亿幽门螺旋杆菌的汤，用自己的身体来验证自己的假设（收集证据）。5天后的早晨，他冲到厕所狂吐一通，马歇尔如愿得了胃炎，经过进一步的病理性化验，在他的胃中发现了大量幽门螺旋杆菌，感染非常严重（处理信息）。莽撞与勇敢有时候只隔了一线，马歇尔绝不是莽撞的，因为他所饮下的细菌来自一位他治疗好的病人。果然，使用了相同的抗生素疗法后，他很快就痊愈了。结合之前的数次实证研究，他得到了完整的结论：胃炎或胃溃疡是由一种可以生存在人类胃部的不明弯曲杆菌所导致的，使用抗生素治疗能够获得良好效果（得出结论）。

幽门螺旋杆菌确实是一种狡猾、难以被发现的细菌，可马歇尔和沃伦用一次又一次的实证研究逐渐掌握了它的真面目。相比很多诺贝尔奖及成果，他们的研究没有创新的方法，没有灵感的突然涌现，但是实证思维在他们的探索过程中无处不在，从各个角度进行实证研究、获取更多证据、认识更多规律成了他们成功的关键。

4. 表达交流、反思评价与反思思维

在青少年科学研究里，表达交流和反思评价的主要途径是向老师和同学们汇报自己的探究成果并听取他们的反馈，这与科学工作者以发表论文、参加研讨会为主的形式有所区别。两者最本质的区别是：青少年在表达交流的过程中，不可逾越的对象是老师，而老师代表着权威，他们的身份可能是科研机构的研究人员、大学教授、资深科学教师，大多数对青少年的研究有着更深层次的认识和思考。这种并不平等的交流既有优点又有缺点。优点是：对青少年来说，这是一次完善自己研究、加深对科学研究的理解、获取深层次研究灵感的绝佳机会。缺点是：如果不能正确认识到这个优点，一味地认为自己的研究结论是最好的方式，甚至将老师视为刁难自己的敌人，将老师的合理建议视为吹毛求疵，不但不能取得进步，反而会影响以后参加科学研究的积极性。

于是，反思思维在此处就有了另一个作用，反思思维不仅包含独立思考，也包含能够接受他人的合理意见与建议，对自己的研究进行反省。"众人皆醉我独醒"与"以人为鉴可以知得失"并不矛盾，而是反思思维的两面。

1.2 历史中的科学探究案例

随着当今人工智能的迅猛发展，我们开始重新审视自身的价值，哪些是无法被"机器"所替代的？哪些是我们独有的能力？在这其中，创造力首当其冲。创造发明

并不是一蹴而就,而是由一个个具体的小问题累积而成。当然,发挥优秀的创造力还需要具备科学的事实依据、严谨的逻辑、审辨的思维,唯有这些的优秀特质形成科学的思维方式,才能更好地发挥自己的创造能力(见图1-7)。知历史,见真知,科学史立足于过去与未来,建立于自然与社会、科学与技术的交叉点上,是能够沟通科学文化与人文文化的理想工具。充分了解历史,对于科学思维的掌握和判定具有重要的价值与意义,同样,在科学思维引导中运用科学史的教学策略也会起到事半功倍的作用。

图 1-7 了解历史和提出问题是创造发明的基础

1.2.1 科学史的启示

科学史是科学和科学知识,包括自然科学和社会科学的历史发展的研究。科学史的创始人乔治萨顿曾说:"科学史是自然科学与人文学科之间的桥梁,它能够帮助学生获得自然科学的整体形象、人性的形象从而全面地理解科学、理解科学与人文的关系。"

在小学及中学的科学课程体系中,科学的本质是非常重要的内容。教师在授课过程中首先需要关注和理解科学本质的内涵,通过挖掘科学史中相关的科学素材,与教材形成有机的联系,从而有效地组织教学活动。如今的科学教材中本身就体现了丰富的科学史素材,例如教材中对于牛顿第一定律的学习,包含着伽利略、牛顿这些科学家们不断完善的过程,本身就还原了一定的科学史。再如高中生物学科中对于细胞学说的建立过程进行了详细的介绍(见图1-8),英国科学家罗伯特·胡克用显微镜观察植物木栓组织,发现并命名了细胞。荷兰著名磨镜技师列文虎克用自制显微镜观察到不同形态的细菌、口细胞和精子等。意大利马尔比基用显微镜广泛观察了动植物的微细结构,如细胞壁和细胞质。直到170年后,施莱登、施旺提出细胞是构成植物的微细结构,将科学观察提升为理论。追本溯源,极其生动而形象。另外,还有一些教材中出现了却并没有明确科学史线索的内容,教师可以进行拓展和补充,例如大气压强的概念和测量方法部分，就可以介绍相关的亚里士多德、伽利略、托里拆利、帕斯卡和盖里克等人的实验。尤其是对于一些较为抽象的概念和知识，教师应该多关注这些科学知识的关联和建构方式，从而让学生更好地理解它们之间的逻辑关系。如科学概念是如何产生的，在什么时间发生了改变，以及为什么会发生这样的改变……通过对一系列问题进行引导和深入思考，学生能够更好地建立起对科学本质的理解。

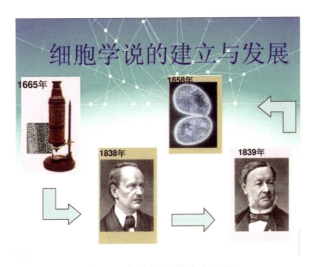

图 1-8　细胞学说的建立过程

另外，加入一些哲学的辩证的观点，可以有助于帮助学生对科学本质加深理解，同时促进他们对科学知识的掌握以及了解背景过程和方法，培养学生养成科学的情感与态度。例如，对生物进化的理解，学生更容易收到拉马克用进废退观点的影响，而对达尔文生物进化观点的理解存在一定难度。针对这种情况，教师可以引入科学史，并将两种观点进行比较，通过了解科学家的思考方式，让学生关注为什么科学家的思想发生了改变、是什么原因引起了科学家思想的改变、之前的观点存在哪些无法解释的错误等。

1.2.2　科学思维方式与科学探究

在科学发展的历史长河中，孜孜以求的科学家们一直是科学思维的代表者和践行者，我们从他们身上可以学到很多科学的思维模式，从而对科学探究引发更多思考。

1. 另辟蹊径，勇于创新

另辟蹊径就是从不同的角度去看问题，发现别人没有想到（或还未公开发表过）的新论点。在这里我们一起来了解一位伟大的科学家——达尔文，英国生物学家，进化论的奠基人。达尔文的祖父和父亲都是当地的医生，家里希望他将来继承祖业，但他却对自然历史产生了浓厚的兴趣。他在剑桥大学期间，结识了著名的植物学家亨斯洛和著名地质学家席基威克，并随后参加了长达5年的航海科学考察航行。这次旅行改变了达尔文的生活，他从研究和实践中得到启发，确定了前人未有过的一个重要的想法：世界并非在一周内创造出来的，地球的年纪远比《圣经》所讲的老得多，所有的动植物也都改变过，而且还在继续变化之中，至于人类，可能是由某种原始的动物转变而成的。达尔文随后领悟到生存斗争在生物生活中的意义，并意识到自然条件就是生物进化中所必须有的选择者，具体的自然条件不同，选择者就不同，选择的结果也就不相同。于是，他开始撰写一份大纲，后将它扩展至数篇文章。1859年，《物种起源》一书问世，这一划时代的著作在生物学上完成了一次革命（见图1-9）。

克劳德·香农是一位美国数学工程师，人们认为他是信息论及数字通信时代的奠基之父，是20世纪最伟大的科学家之一（见图1-10）。他发现电话交换电路与布尔代数之间具有类似性，即把布尔代数的"真"与"假"和电路系统的"开"与"关"对应起来，并可用1和0表示。他是信息论的创始人，建立了通信系统的模型，即信息源、发送者、信道、接收者、信息宿；提出了信息量的数学表达式，并解决了信道容量、信源统计特性、信源编码、信道编码等一系列基本技术问题。香农的成功之路起源于好奇心，同时他具有异于常人的探索精神，他生长在一个有良好教育的环境，祖父是一位农场主兼发明家，曾发明过洗衣机和一些农业机械。此外，香农的家庭与大发明家爱迪生还有远亲关系。在童年时代，香农就具有很多与众不同的想法，喜欢组装无线电收音机、练习莫尔斯电报码、研究密码学等。他还有许多奇特的爱好，例如可以熟练地玩一套杂技，骑着独轮车同时手里来回抛着3个球，在贝尔实验室的大厅里骑来骑去等。他还发明过有两个座位的独轮车，并使该独轮车像偏离地心一样，可以骑在上面忽高忽低，像鸭子在行走。香农非常热衷于平衡与控制稳定性，他设计并建造了下棋机器、迷宫老鼠、杂耍器械以及智力阅读机等，下国际象棋的机器包括了用3个指头就能抓起棋子的手臂、蜂鸣器等简单的记录装置。正像香农自己所说，"我感到奇妙的是事物何以集成一体。"这些创新和探索为他一生所取得的伟大成就奠定了坚实的基础。

图 1-9 《物种起源》，划时代的著作　　　　图 1-10　克劳德·香农

2. 形象化的逻辑思维

伟大的物理学家阿尔伯特·爱因斯坦（见图 1-11）提出了相对论，开创了物理学的新纪元，被称为现代物理之父。这位伟大的科学家并非一生下来就是天才，相反，他小的时候智力发育比一般孩子都慢，只是由于无限的勤奋和对物理学的执着热爱，才把他造就成一位科学天才。

图 1-11　爱因斯坦

爱因斯坦逻辑思维形象化的启蒙教育来源于小时候他叔叔对他的深远影响。叔叔教给他，例如代数，就像打猎一样，把那头藏在树林里的野兽叫作 x，然后一步一步逼近它，直到把它逮住。因此，当爱因斯坦再遇到许多难题时，他总是使用尽可能多的不同方法来展示问题，包括使用多种图表。他坚信在他的思考过程中，一万句话或数字所起的作用远不如一张图表给他的启发能形象地说明问题。爱因斯坦思考者的形象深入人心，无疑得益于他清晰的逻辑以及形象化的思维方式。

同时，作为世界古代史上伟大的哲学家、科学家和教育家，古希腊的亚里士多德也认为比喻是形象思维的一个象征。如何能够更好地运用形象思维呢，需要看到两种不同领域的相似之处，然后才能把这些相似之处联系起来。他把这种联系运用到了伦理学、心理学、经济学、神学、政治学、修辞学、自然科学、教育学、诗歌、风俗等多个学科领域中，是当之无愧的博学家。

3. 掌握实证思维

除了敢想，还要敢做。屠呦呦（见图 1-12）是我国第一位获得诺贝尔科学类奖项的女科学家，也是第一位获得诺贝尔生理学或医学奖的华人科学家，她发现了青蒿素，这种药品能够有效降低疟疾患者的死亡率，是一项世界瞩目的伟大创举。我国从1964年就开始了治疗疟疾药物的研究，希望从中草药中寻求突破口。但是，通过对数千种中草药的筛选，却没有任何重要发现。1969年，屠呦呦临危受命，出任该项目的科研组长。她从整理历代医籍着手，四处走访老中医，收集有关资料，编

图1-12　屠呦呦研究员

辑了以640方中药为主的《抗疟单验方集》。然而经过多年的努力，筛选出的大量样品对疟疾的疗效仍不尽如人意。她并没有气馁，继续带领科研团队对200多种中药的380多个提取物进行筛选，最后将焦点锁定在青蒿上。但大量实验发现，青蒿的抗疟效果并不理想。她没有灰心，继续通过系统查阅文献，注意到了古代用药经验中提取药物的方法。原来，东晋名医葛洪《肘后备急方》中称："青蒿一握，以水二升渍，绞取汁，尽服之"可治"久疟"。这段记载给了她启示，她认为很有可能在高温的情况下，青蒿的有效成分被破坏了。后来，屠呦呦团队改用乙醇冷浸法，该方法得到的青蒿提取物使鼠疟的疗效显著提高；接着，用低沸点溶剂提取，有效价值更高，而且趋于稳定。终于，在经历了190次失败后，青蒿素诞生了。这剂新药对鼠疟、猴疟疟原虫的抑制率高达100%。持之不懈的实践和努力是科学研究和科学思维不断提升的有效途径。

加州戴维斯州立大学的校长凯斯·辛姆敦通过研究历史上的2036名科学家，得到了这样的发现：最受人尊敬的科学家们不仅有非常伟大的创新，同时也有一些"不佳"的想法。但是，这些科学家们不怕失败，勇于实践，通过坚持不懈的努力，最终取得胜利。

4. 反思思维

不怕与别人不一样或不合常理，将所有的看法、想法和想象以不同的方式重新组合的思维是反思思维中的一个重要内容。现代遗传学是以奥地利修道士孟德尔的遗传法则为基础发展而来，孟德尔将数学的方法引入自己的研究，在长达8年的豌豆实验中，对不同代的豌豆的形状和数量进行了细致的观察、统计和分析，从而发现了实验中蕴含的规律，建立了相应的数学关系式。后人将他的发现称为"孟德尔第一定律"和"孟德尔第二定律"，并被认为是遗传学的鼻祖。

逆向思维又称反向思维，是指从反面（对立面）提出问题和思考问题的思维过程，反向的逻辑思维可以让大脑创造出新的模式。伟大的代数学家卡尔·雅各比经常说："反过来想，总是反过来想。"法国微生物学家巴斯德通过钻研发现了食物保存的秘密，就是在高温下可以杀死细菌。英国科学家汤姆逊却反其道而行之，推想出细菌也可能在低温下杀死或停止活动，通过更加深入的研究后发明了冷藏新技术，让食物通过冷却的过程进行保存。

科学家身上凸显的科学思维还有很多，例如客观的事实依据、严谨的逻辑推理等，这些都是推动科学探究进程的重要因素。

1.3 青少年科学探究中的科学思维

1.3.1 青少年科学探究的特点

创造心理学指出，儿童期是自我探索和才华展露的阶段，是个体主动性形成的重要时期，早期的经验积累对个体主动性的创造活动具有重要意义。少年期是一般成就形成的基础，此时的关键是创造意识的形成；青年期是个体主动性与一般成就基础共同发挥作用并产生创造成果的时期，有效地鼓励与支持有利于创造活动的顺利进行；青少年时期是创造思维和创造力发展的重要阶段。教师需要用敏锐的眼光抓住学生创造思维和创造发明的萌芽，激发学生的创造欲望，发展学生的创新思维。

1.3.2 培养科学思维的探究活动过程

在 1.1.3 小节中我们提到，青少年科学探究主要包括提出问题、作出假设、制订计划、收集证据、处理信息、得出结论、表达交流、反思评价 8 个要素，培养学生的创新思维可以贯穿在科学研究过程的所有要素中。

1. 把观察到的现象转变为科学探究问题

选题是学生进行科学探究非常重要的一步，如何选个好题目也成了他们苦恼之事。教师除了利用基础知识传授、实验技能训练等方式对学生进行辅导外，还需要引导其大量阅读科普读物、专业科研论文，积极开拓其思维模式。发现、提出问题是学生产生强烈探求动机和探究情感的有效途径。教师应重在打造良好的科研氛围，突出学生的主动性，着重培养学生自主选题的意识。普遍意义上，科研选题具有的"主动性""新颖性""开放性"及"适合性"四个原则，因此，针对学生的创新性选题，可以着重培养学生的四种意识："自主探索"意识、"理性批判"意识、"交叉创新"意识、"问题适合"意识。以此为依据，让学生自主提出课题，再由专业人士进行指导与修改，往往能得到意想不到的好效果。

2. 提出科学假设

通过设疑、假设激发学生思维的火花，激励学生进行广泛的、多方面的独立思考。提出假设作为科学认识程序中的基本环节，在培养学生创新思维、自主探究的学习过程中起到了不可替代的作用。

3. 设计探究活动

在研究设计上，尽可能地引导学生设计具体细节，并作出翔尽的研究计划；在研究过程中，引导学生认真、细致地观察，并做清晰、详细的研究记录；对于遇到的问题，学生能够独立地想办法解决，对于研究结果进行科学的分析和讨论，引导学生关注研究过程中出现的各类问题。在整个探究过程中，学生探究的兴趣会更加高涨，创新思维也得到了更好的发展。

4. 根据收集到的数据验证提出的假设

中学生根据结果判断当时提出的假设成立与否，最终解决的科学问题应该遵循以下三个原则。

（1）科学性原则，即研究的科学术语、实验方法、数据分析方法和讨论等都必须以科学理论和事实作为依据，符合科学规范。这是首要条件。

（2）创新性原则，即研究突出解决了前人未解决或未完全解决的问题，研究的方法和思路与众不同，或者在前人工作的基础上发展出自己的独特思路，取得了实质性的进展。

（3）实用性原则，即研究应具有一定可预见的社会效益、经济效益、影响范围、应用价值和推广前景。

5. 表达交流与反思评价

通过探究活动，学生根据观察到的情况、得出的结论与同伴进行交流、汇报，并与研究前的假设进行比较，从而形成新的体验，引出新的假设，使科学探究活动得到升华。

在培养学生探究思维的过程中，还有一些需要注意和避免的思维弊端，例如过于严谨、思维定式、从众心理、信息饱和等主要障碍。教师在指导学生开展科学探究活动过程中，应尽量避免学生产生这些思维弊端。

1.3.3　教师指导学生思维发展的有效途径

1. 引导学生观察事物、寻找问题、发现矛盾、探讨解决方法

学生的探究活动主要从本学科领域的实际研究工作和理论发展形势中选题，指导学生在选题中寻找问题，发现矛盾，例如，从新技术的发展应用中，从前人失败的经验中，从其他实验的不足、缺陷或漏洞中探讨解决问题的途径，选择自己的研究课题。

2. 多方面探索和一方面选择相结合的方法

探究活动需要将横向空间考查和纵向时间考查两方面结合考虑。所谓横向空间考查，是指要树立科学的整体观念，寻找与本学科相交叉的学科领域，通过研究边缘学科、交叉学科，找出学科结合的部分，运用多学科理论和方法研究本学科的问题。所谓纵向时间考查，就是要认识理论的层次性和上升到新理论和新水平的无穷性，以不断开拓和追求新知识的科学态度选择自己的研究课题。

3. 想象、联想、直觉选择的方法

直觉是许多科学研究中重大发现的先导，是经验通向概念或假设的桥梁。重大课题大多都是通过直觉选择出来的代表创造成果的概念或初步假设。爱因斯坦的科学创造原理模式是：经验—直觉—概念或假设—逻辑—理论。

1.3.4　青少年科学探究案例——北京师范大学附属中学 王月林的探究道路

1. 希望世界因我的存在而有一点小的改变——我与自行车道的故事

我是来自北京师范大学附属中学的王月林。生活中，我是一个喜欢问为什么的人，比如"你喝过过了期的酸奶吗？"听到这样的问题，你可能觉得很幼稚，也可能觉得很惊讶。但就是这样一个看似奇怪的问题打开了我的科学之门。接下来，我还调查了"不同类型植物提取物对蚜虫存活率的影响"等课题。在长达7年的科技探索后，

我的《北京城区自行车路网现状调查与改善研究》项目获得了全国青少年科技创新大赛一等奖，并被北京日报等媒体多次报道并转载16000余次。在我看来，生活中充满了大大小小的问号，只要你细心地去观察，你也可以有不一样的大发现。

2. 这样真的太不安全了

生活在北京这样拥挤的城市里，每天上学放学，许多中学生和我一样，都选择自行车作为出行的工具。然而，机动车的日益增多，自行车道的占道现象就越来越严重，放眼望去，马路上满是各式各样的大小汽车，自行车几乎没有了存在的空间。不仅如此，有些急脾气的司机车速过快，几乎是要撞上骑自行车的人，身边的许多同学都与我有一样的感受："这样真的太不安全了！"

3. 国礼引发调查的好奇心

怎样让只有两轮的自行车在满是四轮汽车的城市有它的立足之地呢？

当我还在思考这个问题的时候，我看到了这样一条新闻：李克强总理在访问英国时，将一辆中国国产的老品牌自行车作为国礼赠送给了英国首相卡梅伦，为什么在中国几乎被大家抛弃的自行车会被作为如此高规格的国礼呢？我的好奇心一下子就被激发了出来。经过一番调查，我得知，在20世纪七八十年代，中国也曾经是自行车王国，大家出行的主要交通工具就是今天被锁在灰尘里的自行车，那个年代人人都以拥有一辆自行车为傲，但随着经济的发展，许多家庭都购买了汽车，时至今日，中国从昔日的自行车王国变成了汽车保有量第一的国家，这样一来，不仅交通拥堵日益严重，空气质量也是一天比一天糟糕。

4. 想到了就要做到

搞清楚了自行车的前世今生，总要找出一个解决的办法来啊。基于之前做过的一些课题的经验，我决定先来调查一下究竟还有多少市民选择自行车出行？

通过问卷星软件、传统的路况调研以及进学校发放问卷等方式，我一共在北京市范围内发放了529份问卷，最终回收有效问卷482份（见图1-13）。经过分析，调查的结果令我大吃一惊，虽然北京市民拥有非机动车的数量达到了1300万辆，年销售新车超过100万辆，但是市民非机动车出行的比例却大幅下降，已从20世纪80年代的62.7%锐减到不足20%。而说到不愿意骑自行车出行的理由，除了距离远之外，大多数人将票投给了"出行不安全"这个选项。

看来为安全担忧的不仅是我们中学生群体。

5. 有辛苦也有欢快

我将自己想要实地考察自行车道的想法告诉了老师，得到了老师的大力支持。于是，利用放暑假的时间，我到北京的大街小巷进行调查（见图1-14）。8月的北京，太阳是相当厉害的，我常常为了得到一个准确的数据要在一条道上反复地骑上很多个来回，差不多有两三个小时的时间。不辛苦是假的，但是我很开心自己亲眼看到了自行车道是怎么被占用的，也获得了一手的测量数据。在很多地方都可以看到划在自行车道里的停车位，这造成了自行车道的不连续，骑行者只能拐入机动车道。另外，公交车进站干扰严重，也是造成骑行环境不安全的重要原因。这些情况极易造成交通事故。

图1-13　在路边做社会调查　　　　　图1-14　实地测量

6. 勇闯路政局

一次骑车的途中，刚好经过了北京市路政局，我把车一锁，直接就进去了。本以为政府部门应该不会愿意理我一个中学生，但出乎我的意料，工作人员十分热情地接待了我，还将我引导到政府信息公开部门（见图1-15）。经过与专业人士的交谈，我将自己的调查结果汇报给了他们，自行车道的最佳宽度应为1.6m。因为汽车的宽度为1.6~1.8m，自行车的车身宽度为0.5~0.6m，两辆自行车并行时通行宽度小于1.4m；如果自行车道的宽度大于1.6m，就很容易出现小汽车占道问题。

报告完结果，我以为我的调查工作可能就此结束了。没想到数天之后，路政局的工作人员通过学校找到我，想让我作为北京绿色骑行宣讲的主讲人，与他们一起向市民们宣传绿色出行的理念（见图1-16）。于是"骑行北京·绿色出行进校园"的骑行活动就这样诞生了。虽然作为一名中学生，我的能力有限，但我希望通过自己的方式，从身边做起，向人们传递绿色出行保护环境的观点。而现在，共享单车已经在我们的生活中随处可见了。

图 1-15　向相关部门提出意见

图 1-16　向市民展示调查结果

7. 走上更大的舞台

幸运的是，我的研究成果获得了第 30 届全国青少年科技创新大赛一等奖，青少年科技创新市长奖，"2016 年伦敦国际青少年科学论坛"优秀奖等多个奖项。站在领奖台上，面对着台下的观众以及给予我很多帮助的老师们，我流下了激动的泪水。此课题得到了老百姓的认可并引起了社会的广泛关注：我应邀在北京广播电台做了长达半小时的直播专访；中央人民广播电台中国之声对我的课题进行报道，评价我是一名有责任感的同学；北京日报、北京晚报都刊登了我的课题和研究成果，并被人民网、央广网、中国社会科学网、凤凰新闻等多家媒体进行了 16000 余次转载，取得了很好的社会效应。最重要的是我看到北京市的自行车道越来越完善，身边骑自行车出行的人越来越多，让我觉得自己真的为北京的蓝天碧水尽了中学生的一分力量。这一切让我在收获荣誉的同时，也深深体会到科学研究对社会的推动意义和价值！

8. 希望成为一名肩负社会责任感的科研工作者

"少年强则国强！"研究社会科学尤其需要一种毅力和社会责任感！我从小喜欢林徽因先生，她将建筑学家的科学精神和作家的文学气质糅合得浑然一体，并且极具社会责任感。"一身诗意千寻瀑，万古人间四月天"是对她最好的评价！我希望自己未来也能够成为一名肩负着社会责任感的科研工作者，时刻铭记家国情怀，力争成为国之栋梁！我的科技之路才刚刚开始，我相信，有科学梦想的人，梦想一定会实现！

该项目是 2015 年的研究活动，在如今共享单车受到人们普遍使用的今天，如何更好地营造安全骑行环境有待进一步思考。

CHAPTER 2
第 2 章

科学思维的工具——逻辑推理

2.1 认识科学的工具：归纳推理

2.2 认识世界的工具：演绎推理

2.3 认识创造的工具：类比推理

你听到"逻辑思维"的第一反应是什么呢？是不是学校里所有的学习内容都运用到了逻辑思维呢？在科学探究中，逻辑思维到底是什么角色呢？

逻辑思维方法也称为逻辑推理，是科学探究中经常要使用到的思维工具，包括归纳推理、演绎推理和类比推理。根据不同情况合理使用三种推理，可以帮助研究者提高科学研究的效率，增加结论的可信度。

2.1 认识科学的工具：归纳推理

2.1.1 什么是归纳推理

1. 归纳推理的定义

《现代汉语词典》里对于归纳一词的解释为：从部分到整体，从特殊到一般，从个别到普遍的推理。而归纳推理就是从若干个个别的认识前提出发，推出一般性结论的推理。这种推理是对若干个个别事物的情况的逐一断定，结论是一般性认识。

很明显，归纳是动词，它是一种行为、一种活动、一种思维方法，是人类对于世界万千事物的一种认识活动，是将事物从局部认识逐渐扩大到对于其整体认识的过程，是人们面对大千世界千千万万种事物时，所采用的化繁为简、抽丝剥茧、万变不离其宗的思维方法。

例如，观察蚂蚁时发现，蚂蚁有6条腿，而在观察瓢虫、蜻蜓、蚊子等更多的昆虫时，发现它们也有6条腿。那么这说明了什么呢？显然可以初步得出一个结论：这些小虫子的腿的数量都是6。

再比如，看到拍打桌子使其振动时会发出声音，而且用手或其他的物品拍打椅子、墙壁、大腿的时候也有振动的现象，都会发出声音，因此可以说：物体振动的时候会有声音。

人类面对世界万物的种种现象而产生了这样的思维活动时，已经开始在对这个世界进行"归纳推理"了，而这个思维的活动也就是人类认识世界的开始。

2. 人类是怎样进行归纳推理的

在思维活动中，人类对于各种事物会经历比较与分类、分析与综合、抽象与概括等过程，那么大脑是如何运用归纳推理的思维方法去认识世界的呢？

还是从刚才观察昆虫足的数量的例子说起吧。

试想进入这样一个情景：人类的祖先在野外游玩时，一只爬到树上的蚂蚁引起了他的注意（其实当时他并不知道这个小东西就是蚂蚁，在他看来，这只不过是一个小小的、黑乎乎的、奇怪的小东西而已）。

这树干如此笔直，这个小东西（见图2-1）是怎么爬上去的呢？凑近一看，蚂蚁用腿牢牢地将自己支撑在树干上。此时这位了不起的原始人仔细数了一下蚂蚁腿的数量，1、2、3、…、6，蚂蚁有6条腿。这时，他已经经历了对蚂蚁腿数量的分析过程，

水是怎样
溶解物质的

并且将其综合形成了 6 这个数字作为腿的数量的结论。

在后面,他又遇到了瓢虫、蜻蜓(见图 2-2)等各种各样的虫子,由于有了刚才对于蚂蚁的观察经验,他已经可以直奔主题,去逐一清点它们的腿的数量。在一次次的经历分析与综合后,他已经熟练地把一个一个细长的虫子腿的形象转化成了大脑中的一个个认识:蚂蚁有 6 条腿,瓢虫有 6 条腿,蜻蜓有 6 条腿,蚊子也有 6 条腿(见图 2-3)……咦?为什么要用"也"这个字呢?其实这时候他已经发现了这些外形、颜色、大小各不相同的虫子的一个共同点:腿的数量都是 6。这位了不起的原始人可能已经归纳出这个世界的一个重大科学发现:昆虫的腿是 6 条(见图 2-4)!

图 2-1　正在攀登的蚂蚁

图 2-2　蜻蜓

图 2-3　蚊子

图 2-4　一些虫子的一般结构

是不是很惊喜?有没有很骄傲?但是请等一下。这时候所说的虫子是什么虫子?是蚂蚁还是瓢虫?好像都是,却又都不是。恭喜他,他已经将具体的一种种虫子的形象抽象概括为"虫子"这个词了。

那么是不是其他的虫子也都是 6 条腿呢?带着这个问题,这位原始人也许就会从此走上一条"找虫子、观察虫子、数虫子腿"的道路,也许他就会成为世界上第一位观察虫子的科学家。

可见，归纳推理的思维方法是个宝，可以帮助我们在分析与综合、抽象与概括中去观察、认识这个世界，思考、分析这个世界，不断地将事物进行比较和分类，让我们可以脱离开纷繁复杂的大千世界的具体形象，而是形成系统而抽象的一个个判断、概念。一下子，整个世界安静下来了。

2.1.2 归纳是个宝，乱用可不好

1. 带给原始人的晴天霹雳

原始人可能还沉醉在重大发现带来的喜悦中。但是冷静的我们会思考："虫子都是6条腿"这句话是真的吗？是不是所有的虫子都有6条腿呢？"虫子都是6条腿"这个说法是不是不严谨呢？我们还是把这个任务交给了不起的原始人朋友吧。

当他满心喜悦地去寻找更多的虫子并且清点它们的腿的数量时，一个晴天霹雳狠狠地砸到了他的头上：一个毛茸茸的小家伙竟然有8条长长的腿（见图2-5）！另一个细长的小家伙腿多得连他都没来得及数清楚，就钻到草丛中去了……

虫子都是6条腿……吗？这可是他辛辛苦苦观察了好几种虫子才得出的结论，这可是运用了归纳推理的方法，经历了分析与综合、抽象与概括的思维过程才得出的重大发现……这到底是怎么回事呢？

图 2-5　蜘蛛

2. 归纳推理的局限性

归纳推理可以区分为完全归纳推理和不完全归纳推理。在对于某一类事物的科学研究中，一般情况下很难甚至不可能观察到所有个体对象，因此我们所使用的最多的基本上都是不完全归纳推理。我们的原始人朋友就是由于没有观察到足够多的"虫子"，因此才匆匆得出了"虫子都是6条腿"的结论。而如果他继续观察更多的"虫子"，他会发现，所有"6条腿的虫子"，其身体结构也都是分为头、胸、腹三部分；而那些"不是6条腿的虫子"，其身体结构都不是分为头、胸、腹三部分。随着观察的深入，"虫子"种类数量的增多，他可能会给它们分别命名，并将其细分为"6条腿的虫子、8条腿的虫子、很多条腿的虫子"等（见图2-6）。

图 2-6　6 条腿的虫子

我们目前所说到的"6 条腿的虫子"就是昆虫，它们身体包括头、胸、腹三部分，头上有一对触角，有 6 条腿。但是受到观察的局限，其实单凭"6 条腿"的条件是不足以判断是否属于昆虫呢？谁敢说在地球上一定没有"头、胸、腹和尾 4 部分组成，头上有 3 对触角，6 条腿"的新物种被发现呢？那时候，我们对于自然科学的认识还会更进一步，无限趋近，但又永远无法达到真正的科学。

就像这个例子，我们只观察一类中的部分个体对象，根据这部分个体具有的共同属性或特征，视为该类事物整体，概括出该类全部对象的一般结论，这被称为不完全归纳推理。在不完全归纳推理中，结论所断定的超出了前提的断定范围，是对前提原有认识的拓展。因此，其结论不具有必然性，称为或然性推理。也就是说，完全可能存在不符合一般性结论的反例。比如，观察了各种物体受热和冷却后体积的变化，概括出"物体都具有热胀冷缩的性质"。但是后来人们发现：水在温度降低到 4℃时，体积是膨胀的。再比如，如果在会议室中我们只看到了前三排，而所有人都是坐着的，因此可以得出结论：会议室里所有的人都是坐着的（见图 2-7）。但是如果看到讲台上站着的人，那么这个结论就是错误的了。

图 2-7　会议室中的人

其实在现实中，我们所作出的归纳推理绝大多数都属于不完全归纳推理，这是因为我们常常无法把所有的情况都一一列举分析，随着人类对世界的不断探索发现，归纳推理会越来越趋于完善。因此，在科学研究中出现反例的时候，不意味着需要立刻推翻结论，而是暂时把这个反例作特例处理。从性质上看，归纳推理得到的结论具有可错性。这也是归纳方法或说归纳推理在认识事物方面的局限性。

2.1.3 归纳推理，总结规律

1. 单眼皮还是双眼皮

生物体的性状，即生物体的形态特征、生理特性和行为表现，是由基因和环境共同决定的。生物体的性状有很多，比如眼睑是单眼皮还是双眼皮，头发是直发还是卷发，血型是 A 型、B 型、AB 型还是 O 型……

以"眼睑是单眼皮还是双眼皮"为例尝试归纳亲代和子代之间的遗传规律。人的体细胞中基因是成对存在的，成对的基因一个来自父方，一个来自母方。成对的基因中只要有一个显性基因（一般用大写英文字母表示）就会是双眼皮，所以基因是 AA 型或 Aa 型的人都是双眼皮；而两个基因都是隐性基因（一般用小写英文字母表示）就会是单眼皮，即只有 aa 型的人才是单眼皮。

在生殖过程中，基因随着生殖细胞进入子代，即父亲的基因通过精子、母亲的基因通过卵细胞传递给子代。所以双眼皮父母可能生出单眼皮的小孩，单眼皮父母是不可能生出双眼皮小孩的（不考虑突变）。

具体情况分析如下。

（1）父母全是双眼皮

- AA*AA 型父母：只能生出 AA 型（100%）双眼皮小孩。
- AA*Aa 型父母：能生出 AA 型（50% 可能性）或 Aa 型（50% 可能性）双眼皮小孩。
- Aa*Aa 型父母：能生出 AA 型（25%）或 Aa 型（50%）双眼皮小孩和 aa 型（25%）单眼皮小孩。

（2）父母一双一单

- AA*aa 型父母：只能生出 Aa 型（100%）双眼皮小孩。
- Aa*aa 型父母：能生出 Aa 型（50%）双眼皮小孩和 aa 型（50%）单眼皮小孩。

（3）父母全是单眼皮

aa*aa 型父母：只能生出 aa 型（100%）单眼皮小孩。

通过上述具体情况的分析，可以归纳出：双眼皮父母可能生出单眼皮小孩，而单眼皮父母不能生出双眼皮的小孩。

2. 孟德尔发现遗传规律的原因归纳

孟德尔被称为"现代遗传学之父"，于 1865 年发现遗传定律。1856 年开始，孟德尔开始了长达 8 年的豌豆实验。为什么不选择其他植物作为杂交实验的材料？豌豆作为杂交实验材料有什么独特之处？

研究遗传学问题，即研究亲代和子代间性状传递的关系。作为植物的生殖器官——花、果实和种子，豌豆（见图 2-8）有哪些适宜的特征被选作实验材料？此时可以通过豌豆的性状分析进行归纳推理[①]。

图 2-8　豌豆的花、果实和种子

豌豆的花：

（1）豌豆为自花闭花传粉植物，即豌豆花不需要通过风力或其他昆虫帮助传粉，而是在花瓣开放之前已经完成了传粉。在开花前，同一朵花内的雄蕊花粉落在雌蕊的柱头上，所以易于避免外来花粉的混杂。这样保证了豌豆性状的稳定性，即开白花豌豆的后代永远开白花（基因突变除外），开红花豌豆的后代永远开红花。这也为后续的豌豆杂交中的人工授粉提供了便利。

（2）豌豆的花具有便于观察和记录的性状：豌豆的花有红色和白色，花的颜色可以直观地观察和记录。

豌豆的果实：

（1）豌豆的果实由豆荚（果皮）和豌豆籽粒（种子）构成，豌豆的豆荚成熟后籽粒都留在豆荚中，便于各种类型籽粒的准确计数。

（2）豌豆的豆荚具有便于观察和记录的性状：如豆荚形状有饱满的和不饱满的，豆荚颜色有绿色和黄色。

豌豆的种子：豌豆的种子由种皮和胚构成，胚由子叶、胚芽、胚轴和胚根组成。豌豆的种子有多个性状，便于数据的积累和统计分析。如种子的形状有圆滑和皱缩、子叶的颜色有黄色和绿色、种皮的颜色有灰色和白色。

通过对豌豆花、果实和种子形态特征和生理习性等的归纳，可以分析出孟德尔最终选择豌豆作为植物杂交实验的材料并成功揭示遗传定律的原因。

---

① 陈卫东. 摭谈生物学科学生"理性思维"的训练策略 [J]. 生物学教学，2018，43（1）：18-21.

2.1.4 我们身边还有哪些可以归纳的

1. 教学设计案例

研究动物的不同运动方式时，对于爬行、跳跃、游泳、飞行等运动方式，可以收集多个观察数据或事实，进而归纳形成概念。我们不妨以"鸟类适应空中飞行的特征"为例进行分析。

将学生分成小组，每个小组提供鸟类标本、鸟的骨骼（如家鸽的骨骼）示意图、鸟类消化系统示意图、鸟类呼吸系统示意图、鸟类胸肌占体重比例的示意图和数据。教师引导学生以小组为单位围绕鸟类的外部形态、身体结构、骨骼、胸肌、消化系统、呼吸系统、泌尿系统等进行观察和记录，最终归纳总结出鸟类适应空中飞行的特征（见表 2-1）。

表 2-1 鸟类适合空中飞行的特征

归纳类别	特征描述
外部形态	身体流线型
身体结构	体表覆盖羽毛、前肢特化成翼
骨骼	骨骼中空，轻而坚固，骨高度愈合
胸肌	胸肌发达，附着在龙骨突上
消化系统	消化系统发达，有嗉囊储存食物，有肌胃和腺胃，直肠短，不储存粪便
呼吸系统	肺呼吸，气囊辅助呼吸，双重呼吸提高了氧气供应量
泌尿系统	无膀胱，不储存尿液
其他	……

2. 教学案例小结

通过上述的案例分析，借助于丰富的教学资源，学生以小组为单位通过观察和讨论归纳出鸟类适于空中飞行的特征。学生在归纳推理前，基于有目标地科学观察并积累了大量的科学事实或数据。

通过科学观察培养学生掌握归纳推理的思维方法时注意：科学观察要有明确的观察目标，在观察活动中，目标越明确，观察就会越有效，感知越深刻，思维越活跃；科学观察需要在观察方法上给予正确的引导；科学观察需要指导学生及时做好观察记录，并准确地表达。

2.2 认识世界的工具：演绎推理

2.2.1 从一般到特殊的演绎推理

1. 什么是演绎推理

从字面上理解，演绎就是在表现、推导，那么演绎推理自然就是帮助我们从一些假设的观点出发，运用科学思维的规则，推导出另一观点的过程，也就是从对于世界上某类事物一般性的认识推出某个个别性或特殊性认识的推理。

与归纳推理有所不同的是，演绎推理不再是让我们总结科学原理概念，而是引导我们运用这些原理概念去认识世界万物，通过衡量一个事物是否符合一类事物的科学原理、条件或标准，从而判断这个事物是否具有这一类事物的属性和特征。

例如，当我们归纳出"昆虫都是三对足"的结论之后，再遇到其他的未知生物，就可以用它是否有三对足来判断是不是属于昆虫。当我们归纳出"金属会热胀冷缩"的性质后，就会在建筑施工时考虑到建筑材料中的钢铁也会热胀冷缩，从而调整我们的建筑设计方案。当我们归纳出"水可以溶解一些物质"的概念后，就可以很容易解释为什么把几粒酸梅晶放入水中后会看不到沉淀。

由此可见，演绎推理是建立在我们对于世界有了一定认识的基础上的，在具备了一些严谨或者还不够严谨的概念、原理之后，我们就可以运用演绎推理的方法来帮助我们认识世界上更多的事物，同时不断地完善、修改我们的概念和原理。

2. 大脑是怎样进行演绎推理的

对于科学的理解是建立在对世界万物的观察和思考基础上的，而由于我们无法对世间万物一一去认识、归纳，所以演绎推理和归纳推理一样，都不是万能和完美的，在运用这些概念和原理去认识世界上更多未被归纳的事物时，我们的概念和原理也在不断地修正，这是一个无限趋近于客观事实而又永远"在路上"的科学事实认识过程。

还是看看原始人朋友是如何运用演绎推理对这个新奇世界进行认识的吧。

目前这个聪明的原始人有了一个重大的发现：他找到的苹果、桃子、猕猴桃、橙子、梨都很好吃，他把这些好吃的饱含水分的东西称为"水果"（见图2-9）。可是这些水果中总有一些讨厌的小东西难以下咽，他试着摸了摸，发现它们的表面很硬，每次吃水果的时候，还要小心翼翼地把它们吐出来，所以他把这些小东西称为"果核"。

有一次他在吃苹果时，不小心硌到了嘴，愤怒的他把苹果的果核扔到了土地上，还狠狠地用脚跺了几下才解气。

可是，过了些天他意外地发现，在他扔苹果果核（见图2-10）的地方长出了小苗，就像田野里的其他的绿色生命一样，又过了很久的时间，直到小苗变成大树，上面还结满了苹果时，他才意识到，被他扔了苹果果核的地方居然长出了一棵苹果树！这多么有趣！于是一个大胆的想法在他脑海里浮现：那些不同的果核是不是都可以在土里长成不同的果树呢？干脆把这些"果核"改名叫作"种子"吧！经过尝试，他发现他见过的所有的水果的种子都可以发芽，于是他运用我们以前学过的归纳推理的方法得到了一个重大发现：水果的种子可以发芽。

图2-9　猕猴桃和橙子的结构　　　　图2-10　苹果的结构

之后，他又找到了一种新的水果：樱桃（见图2-11）。那么樱桃的种子可不可以发芽呢？

图2-11　樱桃和樱桃发芽的过程

聪明的原始人产生了这样一个思维的活动：

（大前提）因为所有的水果的种子都可以发芽，

（小前提）而樱桃是一种水果，

（结论）所以樱桃的种子也可以发芽。

这就是著名的演绎推理"三段论"。在这个推理中有三个概念：樱桃、种子可以发芽、水果。我们把结论中的主语"樱桃"称为"小项"；结论中的谓语"种子可以发芽"称为"大项"；在结论中没有发现而在大小前提中都出现的概念"水果"称为"中项"。原始人通过大量的归纳发现所有水果的种子都可以发芽，这就建立了一个大的前提条件：只要是水果的种子，都可以发芽。而后对于樱桃，又有了一个小的前提条件：樱桃也属于水果的一种，与其他的水果一样，都有种子。最终得出了一个判断：樱桃的种子也可以发芽。

这个思维活动就运用了演绎推理的方法。如果可以对一类事物都进行肯定，那么对这类事物中的每一个事物也都可以进行肯定；如果对一类事物的某种属性是否定的，那么对这类事物中每一个事物的某种属性也都是否定的。在刚才的例子中，就包括了大前提、小前提和结论。大前提是对一类事物都进行某个判断，小前提是某个事物属于这一类事物，结论就是这个事物可以进行这个判断。

2.2.2 如何进行正确的演绎推理

演绎推理可以帮助我们认识世界上更多的事物，是我们重要的科学思维方法，但是应用在生活中却很容易出现错误，导致我们得到错误的结论。

如果大前提或者小前提中出现了错误，那么结论也必然是错误的。例如，如果大前提并不是全称判断，也就是说不能包括"所有"的这一类事物，那么也无法得出肯定的结论。比如：

（大前提）水果都是长在树上的，

（小前提）西瓜是水果，

（结论）所以西瓜是长在树上的。

这个演绎推理的错误就在于：并不是所有的水果都长在树上，显然大前提的描述出现了问题。只要认真思考，这种错误其实很容易被我们发觉。但是有时候生活中一些"诡辩"则需要我们读懂演绎推理中隐含的内容，掌握演绎推理的三段论基本原则才能进行分辨。

1. 在一个三段论中，只能有三个不同的概念

在一个三段论中只能有大项、小项和中项这三个概念，如果少于三个或者多于三个不同的概念，那么这个三段论就是错误的推理。通常我们也把它叫作"偷换概念""鱼目混珠"。比如：

（大前提）科技要造福于人，

（小前提）犯罪分子是人，

（结论）所以科技要为犯罪分子服务。

这个三段论中涉及的概念乍一看是三个，分别为小项"科技"、中项"人"和大项"犯罪分子"。但是仔细品味，"科技要造福于人"中的"人"是指人类这一群体。而"犯罪分子是人"中的"人"是指人这一物种分类。根本不是同一个概念。因此，在这个三段论中出现了四个概念，其推理的结果必然也是错的。

2. 中项在前提中必须至少周延过一次

在三段论的大前提或小前提中，必须至少有一次对于中项进行了周延。周延是指需要明确中项包含的全部范围。在进行推理时，我们需要先明晰这个三段论的中项是什么，再根据这个原则进行分析。比如：

（大前提）金属都可以导电，

（小前提）铁是金属，

（结论）所以铁可以导电。

这个三段论推理中的"金属"这一概念，在大前提和小前提中都出现过，因此是中项。而在大前提中明确规定了哪些金属具有导电性质："金属都可以导电"。因此这个推理是成立的。

但是如果不对"哪些金属具有某种性质"进行阐述，则会出现无法正确推理的情况。比如：

（大前提）有的金属是液体，

（小前提）铁是金属，

（结论）所以铁是液体。

这个三段论推理中没有明确哪些金属是液体，单凭"铁是金属"这一个条件，是无法判断铁是否是液体的，这个推理因而不成立。

3. 大项、小项如果在前提中没有进行周延，那么在结论中也不能进行周延

在三段论中，除了中项以外的两个概念（大项、小项）如果在前提中没有规定其范围，那么在结论中的概念也不能规定其范围。比如：

（大前提）袋鼠是食草动物，

（小前提）袋鼠都生活在澳洲，

（结论）因此所有的食草动物都生活在澳洲。

在这个推理中的"袋鼠"是中项，而在大前提的意思是"袋鼠是食草动物中的一种"，并没有对小项"食草动物"的范围进行规定（没有对"食草动物"进行周延），

所以对"所有的食草动物"得出的结论就明显错了。

4. 前提都为否，结论不必然

这个原则的意思是：如果大前提、小前提都是否定句式，那么就不能得出肯定句的结论。比如：

（大前提）沙子不可以溶解在水中，

（小前提）铁块不是沙子，

（结论）所以铁块可以溶解在水中。

在这个推理中，大前提和小前提都是以否定句的形式阐述了沙子和铁块分别不具备某种特点，却得到了铁块具备某种特点的结论，违背了"前提都为否，结论不必然"的原则，因此结论是不成立的。这也告诉我们，在进行否定句作为前提条件的推理时，要格外地慎重。

5. 前提有一否，结论必为否

这个原则的意思是：当大前提和小前提中有且只有一个否定形式时，结论一定是否定句的形式。比如：

（大前提）沙子不可以溶解在水中，

（小前提）食盐能够溶解，

（结论）食盐不是沙子。

这个正确的演绎推理中，大前提和结论都是否定的形式，而无法继续得出"食盐还能够具备什么特点"的结论。

学习掌握演绎推理的几个原则，可以帮助我们分析生活中一些"诡辩"的来龙去脉，特别是面对学生遇到的一些错误的科学思维过程时，可以帮助我们准确地进行诊断和纠正。

2.2.3 通过演绎推理探索世界

在遗传学的发展史上，有两位科学家的研究成果取得了划时代的意义，一位是揭示了遗传学规律的孟德尔，另一位是发现染色体遗传机制的摩尔根。

1. 种豌豆的孟德尔

孟德尔利用2年的时间进行了大量实验，寻找到了豌豆作为最佳材料进行遗传学问题的研究。豌豆具有7对便于观察和研究的性状，包含种子形状、种子颜色、豆荚颜色、豆荚形状、花色、花的位置、茎的高度。1854年开始，孟德尔用豌豆做了一系列遗传学实验。

孟德尔先着眼于1对性状，如茎的高度这一性状包含高茎和矮茎两种表现类型。孟德尔发现高茎的豌豆和矮茎的豌豆杂交的后代（子一代F1）都是高茎。是控制矮茎的遗传因子（现称"基因"）消失了吗？孟德尔推想矮茎的遗传因子隐藏起来了，在子代体内储存但并不显现出来。紧接着孟德尔进行了第二步实验：高茎的子一代进行自交（同一朵花自花闭花传粉）。发现子一代自交产生的子二代F2再次出现了高茎和矮茎的性状，且高茎和矮茎的比例为3∶1。之后孟德尔在其他6对性状上将这一规律加以印证，这就是著名的基因分离定律。

2. 养果蝇的摩尔根

1910年，摩尔根实验室的成千上万只果蝇里出现了一只奇特的雄蝇，它的复眼不像其他果蝇那样为红色，而是白色。这是一只突变体果蝇，它的出现使果蝇的眼色这一性状出现了红眼和白眼这一对相对性状（见图2-12）。摩尔根很敏锐地捕捉到了这只突变体，并使这只白眼雄果蝇和一只红眼雌果蝇交配，成功地在实验室留下了白眼家系。

图2-12　白眼果蝇与红眼果蝇

3. 演绎推理在遗传学中的运用

依据演绎推理"三段论"。孟德尔发现成对的基因在形成生殖细胞时可以分离，并在形成受精卵时自由组合，且显性性状和隐性性状的比例为3∶1。这就建立了一个大的前提条件：只要有性生殖的生物，在有性生殖过程中都会有基因的分离定律。而后对于果蝇，又有了一个小的前提条件：果蝇属于生物的一种，也可以进行有性生殖，同样会遵循基因的分离定律。最终得出了一个判断：果蝇的眼色遗传遵循分离定律。

摩尔根发现红眼雌果蝇和白眼雄果蝇交配后产生的子一代全部为红眼果蝇。他又使子一代交配，发现子二代中的红眼果蝇和白眼果蝇的比例正好是3∶1。这一结果与孟德尔的豌豆实验结果一致。摩尔根决定沿着这条线索继续研究，他进一步发现，子二代的白眼果蝇全是雄性，这说明白眼这一性状和雄性这一性状是连锁在一起的。即突变出来的白眼基因随着雄性个体遗传。果蝇的4对染色体中，有一对是决定性别的。

摩尔根的"连锁与互换定律"与孟德尔的"分离定律"和"自由组合定律"被称为遗传学的三大定律。摩尔根在发现连锁与互换定律的过程中，运用到了演绎推理的方法，并在此基础上有了新的发现。

2.2.4 演绎推理在教学中的尝试

研究植物的光合作用时，通过学习光合作用的原料、条件、产物等知识，学生可以全方位地了解植物光合作用的过程和意义。如何将所学的知识加以运用呢？教师开展一个开放性的设计活动，请学生设计在一个温室中种植玉米和大豆的方案，实现提高农产品产量的目的。

为了实现上述目的，学生可以分别从光合作用的原料和条件两个角度进行设计，如以光合作用的条件为例进行分析，依据演绎推理"三段论"。一个大的前提条件：增加光照面积可以增加光合作用的产物。而一个小的前提条件：将玉米和大豆进行套种可以增加光照面积。最终得出了一个判断：农业生产上的套种可以提高农产品产量，增加农业收成。

2.3 认识创造的工具：类比推理

2.3.1 从特殊到特殊的类比推理

1. 什么是类比推理

类比推理在三种科学思维工具中是大家最为熟知、应用最为熟练的。也许你不相信，但是类比推理真的让你可以脱口而出。我们在描述"水涨船高"的状况时，没人会认为这个成语只适用于乘坐船只在水上航行；我们在反思"纸上谈兵"的问题时，也绝不会认为这种事情只发生在军事领域；我们在讽刺"掩耳盗铃"（见图2-13）的愚昧时，肯定没有人会去寻找周围是不是有小偷在窃取铃铛。其实应用这些家喻户晓的成语去进行交流时，就是在进行类比推理。

类比推理是根据两种事物在某些特征上的相似，作出它们在其他特征上也可能相似的结论的思维方法。《景德传灯录》中写道："水长（涨）船高，泥多佛大。"看似毫不相干的两个事物，却因为都会随着它所凭借的基础的增长而提高，从而被人们联系在了一起，形象生动地使读者理

图2-13 成语"掩耳盗铃"

解了词语所要表达的内涵。可以发现，类比推理不同于归纳推理和演绎推理，它似乎更多地运用了联想、想象，甚至于灵感顿悟，类比推理正是处于逻辑推理与非逻辑推理的交叉路口，因此它注定有着独特的作用与意义。

类比推理是宽松的，我们可以将两个毫无关联的事物进行类比，也可以将两个紧密相关的事物进行类比，甚至不需要遵循什么苛刻的逻辑推理规则；类比推理也是严格的，如果不能准确地把握事物与其属性的关系，必然导致对另一个事物的属性推理出现错误，将我们的思维引入误区。

类比推理是平凡而普遍的，在生活中的方方面面都可以用到，我们脱口而出地运用它进行举例说明；类比推理也是伟大而重要的，它可以将人类的认识进行跨界跳跃，面对目前科技水平还无法解释和证明的事物，往往可以通过类比推理去提出大胆的假设与观点，创造性地提出奇思妙想。

2. 大脑是怎样进行类比推理的

类比推理是一种从特殊到特殊去认识科学和世界的推理方式，它不需要一开始就收集大量的信息去进行归纳，也不需要通过已有的概念去进行演绎，而是由具体事物到具体事物的认识过程。

首先是要有两个可以进行比较的事物，其次这两个事物之间至少要有一个相同或相似的属性，而后才能去推测属性较少的事物可能也具有属性较多的事物的某种属性。

我们的原始人朋友也在运用类比推理去创造性地对世界进行发现。

一天，他在寻找野果的时候一不留神被酸枣树上的尖刺扎破了皮肤（见图2-14），疼得他龇牙咧嘴、难受不已，他不像其他被扎到的生物那样从此远离酸枣树，而是一边揉着自己的伤口，一边凑近了去观察"凶手"：扎伤自己的原来是顶端很细很尖的

一根刺,这时原始人的脑海中飞速地进行着思考:

为什么其他的树枝就没有扎伤我呢?

这种尖刺为什么很容易就扎破了我的身体呢?

我能用这种尖刺去扎死河里的鱼吗?

图2-14 带刺的酸枣枝

虽然在后面的尝试过程中,他没能用小小的酸枣刺扎到鱼。但是他已经运用了类比推理的方法,将"酸枣的尖刺——扎破自己的皮肤"和"尖刺——扎死猎物"之间产生了联系,推理出了"尖刺状的物体"具有"杀伤力"的属性。后来,经过一次次的尝试,他终于用磨尖了的树枝扎到了河里的鱼(见图2-15),就像不久前扎破他皮肤的那根小小的酸枣刺一样。

图2-15 尖刺状工具　　图2-16 利用火来加工食物

但是,捉到的鱼又腥又滑,闻着就没食欲……是不是白费力气去捉鱼了呢?此时原始人又开始动脑思考了:

曾经见过森林里的大火烧死了小兔子、山羊这些动物,闻起来有种很香的味道,吃起来也比生的时候好吃很多。

火能让森林里的小动物变得更好吃，能不能也让河里的鱼变得好吃呢？

试着将鱼放在火里烤着试试看吧（见图2-16）。果然，后来他吃到了最美味的烤鱼。但是，看到鱼肉里的刺，让他回忆起了被酸枣刺扎伤的惨痛经历，这种同样的尖刺，还是避开、不要放进嘴里比较好。很好，在类比推理的帮助下，他避免了一次被鱼刺扎伤的事故。

2.3.2 掌握类比推理的双刃剑

1. 类比推理的诟病

尽管类比推理以其很低的门槛普遍应用于我们的生活实际，但是仔细思量会发现类比推理所得出的结论却是"不一定"的。比如：

尽管原始人将树枝一端打磨成尖刺状，成功地抓到了鱼，但是如果将树枝换成柳树枝，可能带给他的就不再是成功的体验了。尽管用火烤鱼带给了原始人美味的食物，但是如果用火烧的是干枯的树叶，可能他面临的就是一场灾难了。同样，尽管原始人避开了被鱼刺扎伤的危险，可能也会使他永远不敢去尝试栗子的美味。

看似一切合情合理，实际上却会发现漏洞频出。但是类比推理就是这样，不是为了让我们一定可以完美地解决问题，而是在我们一脸茫然不知所措时，为我们推开可能存在希望的那扇窗。

2. 不断优化完善的类比推理

类比推理所得出的结论都是或然性的，也就是说可能会存在错误，结论不一定为必然真实的，而帮助我们提高类比推理准确性的方法就是不断扩充、丰富推理所涉及的事物的种类和范围，在考察更多的事物和属性的基础上进行推理。比如：

如果原始人因为使用柳树枝（见图2-17）去捉鱼而受挫后，继续尝试将更多种类的材料去加工成尖刺，他会发现有哪些材料更加适合，有哪些材料无法使用，意识到材料的"硬度"对于捉鱼工具的重要意义。

所需要丰富和扩充的不仅仅是事物本身，还包括事物的属性。比如：

原始人仔细观察会发现，如果尖刺的表面是粗糙凹

图2-17 柔软的柳树枝条

凸不平的，就算顶端再锋利，刺入猎物身体时也不会太过轻松。还有，如果尖刺越细越长，尽管会变得很锋利，但同时也会变得更容易被折断，稍一用力就"出师未捷身先死""鱼未捉到刺先断"了。就在这样不断从酸枣枝的尖刺上汲取丰富的信息、充实着对于属性的数量和种类考察的过程中，原始人也可以对捉鱼工具进行一次次修改和完善，最终得到令自己满意的工具。

在前面所介绍的归纳推理和演绎推理所追求的都是结论的严谨性与准确性，而类比推理更侧重于联想性、创造性，以认识新事物或事物的新属性为推理的目的，因此不再局限于对于已知事物的认识，对于我们探索自然事物属性、发现事物运行规律有着重要的创造性意义。

2.3.3 启发灵感的类比推理

类比推理的应用范围特别宽广，富有创造性。因此，运用类比推理有利于科学家充分发挥想象力，在广阔的范围内把不同事物联系起来进行类比。科学发展史上，很多科学家对于现象的解释、结构的揭示或难题的解决都得益于类比推理。

1. 从太阳系到原子结构模型

对于原子结构的揭示，经过了数位科学家上百年的探索。最初，道尔顿提出了原子的实心球模型，认为原子是一个不可再分的坚硬实心小球。随后汤姆森提出了原子的葡萄干圆面包模型，认为原子是一个带正电荷的球，电子镶嵌在里面，并在其平衡位置上做微小振动。卢瑟福根据 α 粒子散射实验，提出了原子结构的行星模型。

卢瑟福受到了太阳系及其行星的启发，他认为电子像太阳系的行星围绕太阳转那样，围绕着原子核旋转。这一行星模型为后面的量子化轨道原子模型奠定了基础。

2. 从玉米地到卡介苗

传染病一直困扰着人类，预防传染病的最有效措施即为注射疫苗。但疫苗的研发过程是漫长且曲折的。法国细菌学家卡尔美和介林成功研制出了结核病菌疫苗即卡介苗，还要归功于一片生长状况不佳的玉米地[①]。

卡尔美和介林致力于结核病的疫苗研发，但运用琴纳在牛身上取得牛痘疫苗的方法并不成功，他们将结核病菌在羊身上做实验以失败告终。一天，两人来到巴黎郊区的农

---

① 俞丽萍. 例谈生物学科学史上的类比方法 [J]. 生物学教学，2016，41（3）：63-65.

场，边散步边讨论疫苗研发过程中的问题。不知不觉看到一片玉米地，土地并不贫瘠，但玉米植株叶子枯黄、穗粒很小。询问农场主后知道了玉米引种到此地十几代了，经过多年的种植，玉米品种退化，一代不如一代。两人听到农场主的回复之后获得了启发：能否将毒性强的结核杆菌一代一代地培育下去，许多代后结核杆菌的毒性是否也会退化？将毒性退化的结核杆菌注射到人体内，能否使人获得抗体而预防结核病？

最后经过了200多次的移种，得到了完全失去毒性的结核杆菌，找到了控制结核杆菌的有效方法，研制成卡介苗。你能否想象，我们每个人出生后便接种的卡介苗，它的研发灵感居然来自于一片长势不佳的玉米地！

2.3.4 类比推理在教学中的尝试

在初中生物教学阶段"生物圈中的人"这一主题的相关知识，既是教学的重点，又是教学的难点。以"眼球的结构和视觉的形成"为例，通过类比推理，可以帮助学生突破学习的难点。正如教育学家瓦赫捷罗夫所说："类比像闪电一样，可以照亮学生所学学科的黑暗角落。"

虽然我们每天都在用眼睛观察这个世界，但我们对于眼球内部的结构观察存在一定的困难，而且对于这些结构的功能理解有一定难度。照相机是我们生活中常用的拍摄工具，我们对相机比较熟悉。如果将眼球的结构与照相机进行类比推理，便于学生识别眼球的结构，进一步理解眼球结构的功能。眼球的结构与照相机结构类比如下：虹膜及其围成的瞳孔—光圈、晶状体—镜头、视网膜—胶卷（底片）。

由上面这个例子可以看出，通过类比推理可以使教学中抽象的结构具体化，结合生活中熟悉的物体或现象进行类比，便于学生学习，突破教学中的难点。

CHAPTER 3
第3章

科学思维促进科学探究

3.1 有趣的发散思维和提出问题
3.2 比较迁移和作出假设
3.3 批判思维和制订计划
3.4 利用多渠道、多种方法收集证据
3.5 常用的实验数据分析与处理方法
3.6 以科学归纳推理得出结论
3.7 归纳类比和展示交流
3.8 反思与评价

学生获取的科学知识应该至少有一部分是从不同形式的科学探究经验中获得的，在这些探究活动中，学生应该能够获得能力发展，包括构建问题、收集数据、分析和解释数据，以及参与讨论，乐于运用科学的方法参与探究和调研等。

　　科学教育的目标应该包括乐于以可控的和系统的方式收集数据，持开放的思维来解释数据，与他人合作，能被质疑和以适当批判思维阐述观点和提出解释，并且在探究过程中，在涉及环境、自己和他人安全和健康的问题上采取负责任的态度。

第3章 科学思维促进科学探究　49

3.1　有趣的发散思维和提出问题

3.1.1　发现很有趣

1. 科学探究从发现问题开始

科学探究的一般过程，都是以发现问题和提出问题开始的。注意从日常生活、自然现象或学习过程中发现问题，并注意准确表述这些问题，还应学习寻找问题中的矛盾。"半亩方塘一鉴开，天光云影暗徘徊，问渠那（同"哪"）得清如许？为有源头活水来。"这是宋朝著名的理学家、诗人朱熹的《观书有感》，这首诗表明了诗人的一种治学态度，无论做什么，包括做学问，生命力是最重要的。科学探究必须不断吸收新鲜的东西，才能保持活力和进步。

创新思维
训练讲座

2. "艺术家"与"科学家"对于发现的理解

艺术与科学，看似并无联系，但其实却有着相同的思维方式。哪些是相同的理解？哪些是站在各自角度的思考？请大家阅读艺术家的发现故事和科学家的研究故事。

牛头创作的故事。《牛头》雕塑，成品高 41cm，由西班牙画家和雕塑家、现代艺术巨匠帕伯罗·毕加索于 1943 年创作，现藏于法国巴黎路易·雷里美术馆。材料全部取自自行车，即一个旧自行车座和一个车把。这些简单的现成品到了他的手里，使他产生了丰富的想象，他巧妙地构思出了这一尊"公牛"。上翘的车把形成了尖耸的牛角，狭长的车座在毕加索安排的造型中变成了形象的牛头，整个作品简单得无法再简单。带着毕加索惯有的幽默，一切都显得那么妙不可言（见图 3-1）。

图 3-1　毕加索的《牛头》雕塑

圣捷尔吉·阿尔伯特，何许人也？匈牙利生理学家。他因"与生物燃烧过程有关的发现，特别是关于维生素 C 和延胡索酸的催化作用"而获得了 1937 年的诺贝尔生理学或医学奖。他有一句关于"发现"的名言："发现就是与其他人观察和思考同样的事情，但是却能得出与众不同的想法。"

两位大师，都从各自的角度超出了常人的观察，都收获了"发现"的成果。艺术与科技原本就是一体。一部艺术史同时也是一部科技史。我们不是在浪漫的意义上谈论艺术与科技的联姻，而是两者本来就共享着同样的方法论。艺术和科学有着基本相同的工作方法：猜想—假设—实验—求证—追求优美—通过创新解决问题，而它们也有着相同的敌人：惯性和套路。

3. 创意广告的互动游戏

人们一般都厌倦广告，所以广告设计者需要使广告作品在短时间内让人产生深刻印象，创意就尤为重要。利用一套"创意广告"（见图 3-2），再次说明"发现"与众不同的商业效果。同时，也让培训者思考，我们如何"发现"不同。

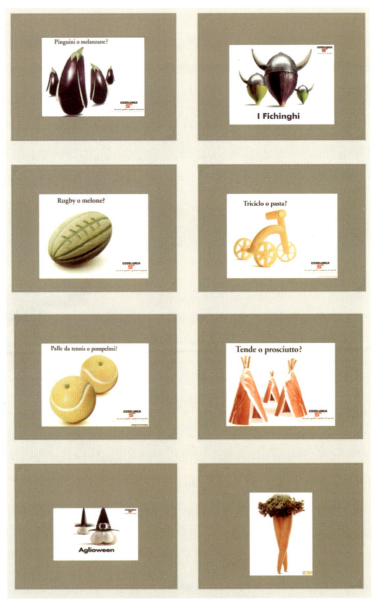

图 3-2　水果和蔬菜的"变革"产生新的设计

活动思路：

（1）出示第一幅图，让大家一起说出看到了什么。答案可能并不相同，接下来展示更多的图片，以帮助参与者进行归纳。

（2）出示第二幅图，大家可能就会找到规律，回答逐渐趋于一致（水果或者蔬菜形成的不同主题，有运动主题，有童话主题）。

有的图比较难猜，是因为文化差异造成的。

这个创意的来源是一家名为 Esselunga 的意大利零售连锁店。起初，他们的店面开在了一个超级大的菜市场旁边，老板发明了这个有趣的活动，这种食物的创意广告迅速吸引了很多人关注他们的食品店。如今，快 20 年过去了，每年他们都会改进和增加新的广告到收藏中。

4."数字"表达的互动游戏

仍然是"发现"的新思路（见图 3-3）。

活动思路：

依次出现Ⅰ、Ⅱ、Ⅲ、Ⅳ、Ⅴ。

提问大家这是什么符号？（罗马数字）

现在，请改变"Ⅸ"一个地方，变成 liu（语音）。

在这个过程中，让学员们在 5min 内举手想出 1 种方法。然后，提示继续思考，想第 2 种，甚至第 3 种……

当学员们的思维出现停滞时，分享不同的学员们的想法，点评有突破性的想法，提示突破的角度，达到共鸣。

图 3-3 教师展示罗马数字，但是变成 liu 可以用语音表达，让同学们有更多的联系和思维变革

可以有不同的方法成为六，要突破思维定式。

1×6，结果是 6；

SIX 也是英文的 liu。

给出接下来思考问题的过程，持续思考同一个问题深度的方法。

- 能否想到？
- 能否想到不同的？
- 还能再想吗？

3.1.2 思维导图怎么用

利用参与式的方法体验思维导图的构成：以"如果我是一棵树"为科技活动的主题，让学员们来设计逐次联系的肢体表演。既启发了学员们的"科学现场事件"的思考，又让学员们体会逐层联系拓展的思维导图特质。

操作步骤：

（1）请一位学员来表演一棵树。

（2）大家观察这棵树，思考围绕这棵树可能会有哪些事情发生？

（3）请另外一位学员做一个动作和这棵树有关。请在座的其他学员猜一下，这棵树发生了什么事情？

（4）再请上来另一位学员，再做一个动作。这个新动作要与前面那位学员表演的动作内容有关系，同时也要和树有关系。请在座的其他学员们再猜一下，又发生了什么事情？

（5）根据这三位学员们的表演案例，我们已经知道这个环节要进行的科学表演方式了。不能出声音，提前设计好围绕这棵树发生的故事内容，一组学员们依次上台表演，把这个故事串联起来。后面的表演内容一定与前面的表演有关联并最终与树有关。

思维导图（mind map）是表达发散性思维的有效图形思维工具（见图3-4），它简单却又很有效，是一种实用的思维工具。放射性思考是人类大脑的自然思考方式，每一种进入大脑的资料，不论是感觉、记忆或是想法——包括文字、数字、字符、香气、食物、线条、颜色、意象、节奏、音符等，都可以成为一个思考中心，并由此中心向外发散出成千上万的关节点，每一个关节点代表与中心主题的一个联结，而每一个联结又可以成为另一个中心主题，再向外发散出成千上万的关节点，呈现出放射性立体结构，而

图 3-4　常用的思维导图的绘制方式

这些关节的联结可以视为一个人的记忆，就如同大脑中的神经元一样互相联结，也就是个人数据库。

3.1.3 利用思维导图提出问题

1. 科学选题的角度理解

探究什么？这些内容从哪里来？（见图3-5）联合国教科文组织公布的17项可持续发展目标：消除贫困；消除饥饿；良好的健康与福祉；优质教育；性别平等；清洁饮水与卫生设施；廉价和清洁能源；体面工作和经济增长；工业、创新和基础设施；缩小差距；可持续城市和社区；负责任的消费和生产；气候行动；水下生物；陆地生物；和平、正义与强大机构；促进目标实现的伙伴关系。这些内容相对比较大，可以用来思考研究的方向。

另一只眼睛看世界

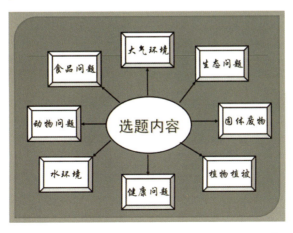

图3-5 联合国教科文组织发布的17项目标（上图）与学生可以选择的更落地的内容（下图）对比

同时，还可以从生活与环境更为密切的角度思考研究的内容：食品安全、大气环境、生态问题、固体废弃物、植物植被、健康、水、能源利用、宠物和物种入侵等。

2. 选题的头脑风暴接力游戏

如果说上述选题方向依然趋于宏观，那么生活会用到的某种家具、食品或交通工具则是微观的选题领域。例如厕所，厕所是生活必备，既是小事又是大事。围绕"厕所"，请大家接龙说出头脑中第一想到的词是什么，依次进行，后面表达的词汇不能和前面的词汇重复。

先组成5~7人一组。在一张A3的大白纸上，每人手握一种颜色的彩笔，从中心词"厕所"出发，先说出每人心中的一级分支词汇，确定没有重复，写下来。然后，顺次独立完成自己的一级分支词汇对应的二级、三级分支等。

10min后，大家全部完成，组内成员相互解读，每个小组形成"广度"解释和"深度"解释两种展示方式。

提出小组内认为最不同的思考题目，从而确定为研究方向。最后，请学员们筛选他们的思考题目并解读他们小组最能成为一个研究选题的设计思路。其他组的学员相互点评。

分析学员案例，同一主题的不同思考角度（见图3-6）。

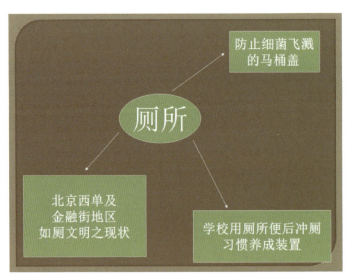

图3-6 同一主题的不同思考角度

有社会问题、有家庭问题、有学校问题（见表3-1）。有调查类研究论文、有创意设计思考、有模型成品展示。有同一科学原理"连杆机构"的不同作品的表现。

表 3-1　几种学员最相关的问题提出的方向

问　题	调查研究	创意设计	机械模型	问题提出思路
社会问题	西单及金融街地区如厕文明之现状			自己找厕所的亲身经历，提出问题
家庭问题		防止细菌飞溅的马桶盖		阅读科普文章，找到相同的关注点
学校问题			学校用厕所便后冲厕习惯养成装置	同学之间的行为观察

3. 除了"厕所"，还有别的

在"防止细菌飞溅的马桶盖"这个研究中，学生使用了"连杆原理"进行马桶盖的改造（见图 3-7）。再有学生看到连杆原理的使用环境后，又有了新的想法：自动封口垃圾桶（见图 3-8）。同样利用"连杆原理"，把从手动调整到脚踏，思维跳转后就成了一个新的发明创意。

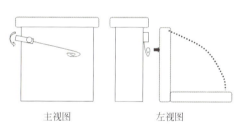

图 3-7　学生最终稿利用连杆机构实现的自动盖盖儿，非常简单可行，但是有缺陷

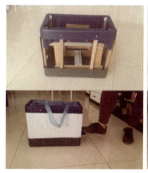

图 3-8　自动封口垃圾桶，脚踏后自动弹出四角的簧片，直接拎起垃圾袋即可。同时，垃圾桶内可同时容纳 50 个空袋，免去反复套垃圾袋的环节

3.2　比较迁移和作出假设

3.2.1　关于假设

初中生物课程标准中对于"作出假设"探究能力的内容是这样要求的："应用已有知识，对问题的答案提出可能的设想，估计假设的可检验性。"著名科学家牛顿曾说过："没有大胆的猜测，就做不出伟大的发现。"因此，表述清晰、明确的假设是完成

一项成功的科学探究的关键。

对科学探究中"作出假设"能力的培养也非常重要。

3.2.2 师法自然——从荷叶效应到纳米仿生学

《老子》说:"道法自然",意思就是说世间的一切智慧都是从自然那里学来的,要研究探索大自然的法则,领悟大自然的真谛。人类文明的每一个重大成就都有大自然的影子,都能在自然中找到母体。在科学技术的发展史上,人类的许多发明创造都是从自然界的某种生物身上获得灵感,都是某个自然物种的"摹本"。大自然是一部无字天书,这就告诉人们一个道理,不能忘记到大自然中去寻找老师。

向自然学习不是盲目地学习,要在研究自然客观规律的基础上,通过比较、迁移等科学的思维方法,将自然的规律应用到科学探究过程中。这里所提到的比较与迁移,实际上对应了逻辑推理:在观察发现生物的某种特性后,运用科学方法和工具开展探究,归纳推理出一般性原理,再利用现代技术手段在人类生活中加以应用,即演绎推理。

纳米仿生学的发展就是"师法自然"的经典案例。下面我们先简单回顾一下人类"师法自然",学习"荷叶效应"发展纳米仿生学的过程。

自古以来,荷花因其"出淤泥而不染"的纯洁品性而备受人们的喜爱(见图3-9)。夏日的清晨,人们总是可以看见在荷叶的表面上存在着露水,并且是呈接近球形存在的(见图3-10)。

图3-9 美丽的荷花

图3-10 荷叶上的水滴

为何荷叶的表面会有如此现象?科学家用电子显微镜放大后发现,荷叶表面除了一层蜡质之外,其实并不平整,而是存在很多微米级的周期性凹凸结构(见图3-11和图3-12)。进一步放大,发现这些凹凸结构由更多的纳米级亚结构构成,这种独特结构使水和污染物不容易粘附在荷叶上面,从而具有自清洁效果。其实荷叶并不是唯一拥有疏水表面结构的植物叶片，能够形成露珠的植物或多或少都具备这种结构。科学家对这一个个特殊的植物种类进行不断观察并加以比较，终于归纳出了表面结构与疏水性的科学原理。

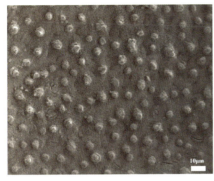

图3-11　荷叶显微放大后的凹凸结构
（图片来源："荷花是如何做到出淤泥而不染的？"，科学大院公众号）

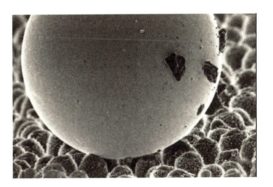

图3-12　荷叶表面的乳突形成的山峰和山谷，以及荷叶上的水珠和水珠上粘附的污垢
（图片来源：Barthlott W, Neinhuis C. *Purity of the sacred lotus, or escape from contamination in biological surfaces* [J]. Planta, 1997, 202 (1): 1-8）

根据"荷叶效应"，人们发明了各类超疏水纳米材料。并在此基础上进一步研究了自然界的多种生物体的表面性能，以此比较、迁移研发出更多种的仿生纳米界面材料，推动了纳米仿生学的进步。这就是师法自然的过程。

3.2.3　"比较迁移、作出假设"活动案例分析

下面我们以"纳米自清洁产品的制作"探究活动为例来学习如何"师法自然"，通过比较、迁移作出假设，解决我们实际生活中的问题吧。

1. 活动背景

在人类实际生活中，随着楼层越建越高，清洁高楼上的玻璃成为一大难题，因为在高空作业容易发生事故，"蜘蛛人"的悲剧我们经常听说。如果能够发明一种自清洁的玻璃，也许这个问题就会迎刃而解。

2. 活动过程

1）调研

调研环节名称、活动内容、设计目的，如表3-2所示。

表 3-2 调研"荷叶效应"各环节内容和目的

环节名称	活动内容	设计目的
提出问题	• 提出问题：如何实现高楼层建筑物玻璃的自清洁 • 魔术表演：水滴在叶片上的舞蹈	趣味实验、从生活中常见现象入手，激发学生兴趣
科学原理	• 荷叶效应的原理：蜡状涂层+微米结构 • 疏水材料：类似荷叶一样，水滴在其表面呈现近球形存在的材料，称为疏水材料 • 亲水材料：与荷叶表面相反，水滴在其表面极易铺展的材料，称为亲水材料	学习科学家研究的成果，站在巨人的肩膀上思考
文献调研	查阅知网文献，完成以下任务。 除了玻璃以外还有哪些产品需要自清洁？如何制备自清洁产品？有哪些方法？分组完成制备某一类自清洁产品的实验方案	学会查阅文献，学会制定实验方案
汇报交流	• 各组（每组 3 人）汇报交流实验方案，小组互相点评实验方案优缺点 • 各组根据教师提供的实验条件优化自清洁产品的制备方案	学会进行汇报交流，学会写实验方案

2）探究

探究环节名称、活动内容、设计目的，如表 3-3 所示。

表 3-3 探究"自清洁产品的制备及其影响因素"各环节内容和目的

环节名称	活动内容	设计目的
实验材料准备	每组同学根据优化后的实验方案准备实验材料	学会准备实验
制作自清洁防雾产品	各组分别进行自清洁产品制备，每组从不同探究因素中选择至少一项因素完成探究实验，包括：不同类型产品的制备方法探究（玻璃片、镜子、纺织品等）；市场上购置的不同品种的自清洁剂的效果对比等。实验结束后记录整理实验数据	学会科学探究的一般方法，控制变量实验以及实验结果分析等
成品效果检验、展示交流	• 通过观察水滴在产品表面的停留形态并与水滴在荷叶表面的形态进行对比，定性检验所制成品的自清洁效果；如需定量实验，则借助实验室接触角测量仪进行测试（见图 3-13） • 每组同学分析实验结果，与其他同学交流实验成败的原因（见图 3-14）	学会如何进行自清洁效果检验，学会进行实验结果分析与反思

图 3-13 学生在进行接触角测试

图 3-14 学生制作的防雾镜子的对比图（左侧：涂抹亲水材料；右侧：未涂亲水材料）

3）总结交流、展示汇报

总结交流与展示汇报环节名称、活动内容、设计目的，如表 3-4 所示。

表 3-4 展示交流部分的内容和目的

环节名称	活 动 内 容	设 计 目 的
总结提升	各组根据实际情况完成展示墙报，在学校科技节活动中交流并展示创意产品	将科技创造美好生活的理念向全体同学传递，树立追求科技进步的理想

在科学探究实验室里，同学们在教师的启发下，先进行文献调研，学习荷叶效应背后蕴藏的科学原理，再了解科学家是如何运用荷叶效应解决问题的。然后自己设计实验方案，确定研究对象、实验方法，通过调配溶液、旋涂、测试等系列实验操作体会荷叶效应的应用。随后还要思考如何通过结果分析、变量调控等方法改进自己的实验。比如有的同学拿到样品眼镜，不假思索地立刻在两个镜片上都涂抹了防雾材料，结果发现无法与未涂抹的样品进行对照；反观有的同学则在同一副眼镜的一侧镜片涂抹防雾材料，另一侧镜片作为空白对照组，很方便进行下一步的结果检验（见图 3-15）。

图 3-15 参与学生制作的防雾眼镜的水滴示意图

3. 拓展应用

我们的生活和生产中还有哪些师法自然的例子？请查阅资料，尝试设计一份与此相关的科学探究活动吧。

防雾眼镜的科学秘密

3.3 批判思维和制订计划

3.3.1 研究计划与批判思维的基础知识

1. 科学探究中的研究计划

研究计划是科学探究课题的重要一环，大多数同学对研究计划的重要性认识不足。简单来说，一个高质量的研究计划，基本可以确保研究项目的顺利进行。一个研究计划应包含所有研究过程中的关键步骤，即要解决如下问题：打算做什么，为什么要做这件事，以及如何完成这件事。一份好的研究计划，除了在撰写思路上下功夫，确保计划书连贯清晰外，更重要的是要确保并证明研究计划的可行性。

中小学生开展的科学探究活动与真正的研究者有所不同。具体表现之一是在参与人数上，中小学生的科学探究活动通常有多人参与。在多人参与的科学探究活动中，如何充分调动参与学生的积极性，提高研究项目的质量，在制订研究计划中，批判性思维是个很好的工具。

2. 批判思维的特征

批判性思维是人的思维发展的高级阶段，它有两个特征：第一，批判性思维首先善于对通常被接受的结论提出疑问和挑战，而不是无条件地接受专家和权威的结论；第二，批判性思维又是用分析性和建设性的论理方式对疑问和挑战提出解释并作出判断，而不是同样接受不同解释和判断。

苏格拉底提出，批判性思维的第一个模型是"苏格拉底方法"或"助产术"——苏格拉底所倡导的一种探究性质疑（probing questioning）。通过苏格拉底提问（或反驳、辩证法），人们被要求澄清他们思考或研究的目的和他们的意思，区分相干和不相干的信息，然后检验其可靠性和来源，质疑他们自己和他人所言包含的假设，按照合作的精神，从不同的视角进行推理，探查他们自己和他人所思考东西的后果或意涵，整理他们知道或以为知道的东西的理由和证据，也对他们面前的证据和理由保持敏感。通过提问，揭示习以为常、理所当然的信念背后的假设所包含的不一致性，以探求新的可能答案。

杜威提出了反省性思维—批判性思维的探究模型，该模型的核心观点是"对任何信念或被假定的知识形式，根据其支持理由以及它所指向的进一步的结论，予以能动、持续和细致地思考"。

萨姆纳强调了在生活和教育中开展批判性思维的重要性:"批判是对已有的各种观点接受之前必须进行的审查和质疑。通过批判来了解他们是否符合事实。"[1]

中国工程院院士李培根认为:"批判性思维促进了原创、颠覆性技术的产生。事物之间有些关联是潜藏的,科学与技术中有大量的东西相互之间存在的关联是人们还完全没有意识到的,对某些通常认为不存在关联的现象或事物,有时候保持某种质疑或者批判性思维可能是有意义的。"

3.3.2 巧用批判思维提出想法

本部分尝试以"公共标识的图形设计"为例,说明如何运用批判性思维分析实际存在的问题,并尝试提出自己的想法,也即制订研究计划的初步阶段。

1. 批判思维的热身游戏——大家来找茬

公共识别系统就是由一系列公共标识组成的,在公共空间中起到指示作用的信息传达系统。通过公共识别系统的设计,为大众在公共场所活动提供了一系列所需要了解的信息,如方位提示、功能提示、行为提示等。公共识别系统在我们的日常生活中随处可见,在旅游地有导游标识系统,在大型购物场所有导购标识系统,而在道路上的交通标志系统,更是司机在驾车行驶过程中的向导。然而,我们又经常会因为公共标识的设计不合理,标识图形的意义模糊而迷茫。[2]

请大家看看图 3-16~图 3-19 所示的一组图形,从图示的逻辑性和可行性上提出自己的看法,尝试选出最优化的图示。

2. 批判思维的实际应用

看过了图 3-16~图 3-19 所示的标识,大家是不是已经有很多不同的想法,都跃跃欲试要对这些图示修改。不要着急,现在就给大家提供机会,大家可以就所述的这些场景画出各类标识示意图。请完成表 3-5。

---

[1] 武宏志.批判性思维:语义辨析与概念网络 [J]. 延安大学学报(社会科学版),2010, 33(1);查坦德,等.最佳思考者:如何培养批判性思维 [M]. 王蕙,译.北京:人民邮电出版社,2013.
[2] 汪哲皞.公共识别系统的图形信息传达 [J]. 浙江工艺美术,2006, 32(2):25-28.

图 3-16　韩国部分公众场合使用的标识

图 3-17　中国部分公众场合使用的标识

图 3-18　北京地区某公园门口的标识

图 3-19　关于道路行驶规定的标识
（图片来源：马越. 德国公共标识调查及对我国公共标识的启示 [D]. 南京：南京师范大学，2012.）

表 3-5　请画出表中所述场景的标识示意图并给出必要的解释

任务名称	你的示意图 （可包括尺寸、符号、数字、文本）	解　释
新驾驶员（引导）		
把门关紧（引导）		
无智能设备（引导）		
可提供 Wi-Fi（引导）		
空调/加热器运行中（引导）		
手机充电（位置）		
电动汽车充电（位置）		
老年中心（位置）		
户外表演中心（位置）		
换乘站（位置/引导）		

【小知识】

标识图是指一个图形符号，或是一个有助于人们容易理解物体、设施或工具的符号字符。标识图应当在视觉上象征目标，以便每个人都能瞬间识别目标。象形图必须简单易懂。在象形图中，有不同的颜色搭配，以明确地表示紧急、安全、警告等。黑色表示一般物品或公共设施，里面有一条对角线的红色圆圈表示禁止；蓝色表示指导；黄色表示警告或警示；绿色表示安全、逃生和避难；红色表示救火、紧急和极度危险。

3.3.3　拓展应用——批判思维在小组研究计划中的应用

图 3-20 是小组合作进行科技创新项目探究活动时，如何运用批判性思维制订研究计划的活动流程。对于工程制作类项目和科学探究实验类项目，付诸实践的环节具体流程上稍有不同。工程制作项目需要提前绘制草图，而科学探究实验项目则是制定具体的实验方案；经过成品制作（工程制作类项目）或预实验（科学探究实验类项目）后，重新绘制成品图或调整实验方案中不合理的地方，进一步梳理制作/实验前后的变化，就是一个利用批判思维逐步完善研究计划的典型过程。

下面我们具体以一个工程制作项目为例来体验一下这个过程。

图 3-20　小组成员巧用批判思维确定研究计划的活动流程

1. 项目名称

设计和制作能够有序存放不同规格雨伞的标准化伞架模型。[①]

2. 项目背景

如图 3-21 所示，李飞的学校有可供学生放雨伞的箱子。在下雨天，由于大多数学生都带雨伞，所以在每个教室把雨伞存放在一个箱子里很不方便。因为体积小，所以箱子不能放下所有雨伞。此外，由于水滞留在箱子底部，所以在学生取出雨伞时箱子周围的地板会被弄湿。最大的问题是，由于不同规格的雨伞被随机放在箱子里，故而难以找到被长伞遮住的短伞。有时候，从长伞流出的水会弄湿短伞的内表面。此外，长伞经常会从箱子里掉出来。尽管如此，为不同类型的伞准备不同规格的箱子的想法并不现实。即使另外准备一个供长伞用的箱子，但如果误将短伞放在这个箱子里，也很难把短伞从箱子里取出来。

因此，李飞认为制作一个能够有序放置不同规格的雨伞并且便于存伞和取伞的伞架的想法是个好主意。如果伞架可将不同规格雨伞的伞柄保持在同一高度，那么雨伞的存取是否会更容易？此外，如果一个伞架模型可容纳一把伞，并且可将规定数量的多个伞架模型连接在一起，那么雨伞丢失的可能性是否会被降低？雨伞是否更加容易存放？

---

① 韩国标准化奥林匹克活动网址：http://www.standards-olympiad.kr/.

图 3-21　不同规格雨伞用的伞架

3. 限制条件

A. 一个模型应能容纳一把伞。

B. 应易于在伞架上存取雨伞。此外，雨伞应不会意外从伞架上掉落。

C. 一个模型应能存放 3 种不同类型的雨伞（具体参数见表 3-6）。

表 3-6　任务中使用的各种伞的规格与特征

雨伞规格	长度 /cm	直径 /cm	特　征
大号	80	5	一折伞
中号	45	5	二折伞
小号	30	5	三折伞

D. 3 种不同类型雨伞的存放应易于被感官察觉。不管是哪种类型的雨伞，它们的伞柄在同一高度时应易于辨别。

E. 应制作两个相同的伞架模型。模型应为可与其他模型连接的连接件（装置）。

F. 伞架的标准化模型应有可收集和排放雨伞上流淌下来的水的空间。

G. 两个相连接模型的底部面积应不大于 40cm×20cm，模型的高度应不超过 100cm。

学员分组活动的过程可以使用下列的记录表（见表 3-7~ 表 3-11），以完整呈现思维活动的过程。

表 3-7　写下或画出与伞架模型相关的想法

想法 1

想法 2

想法 3

表 3-8　对比表 3-7 中给出的想法的优缺点并选择最佳想法

编号	优　　点	缺　　点	是否被选
1			
2			
3			

表 3-9　将该想法选为最佳想法的理由是什么？记录下来

表 3-10　写出或画出被选为最佳想法并在付诸实施前最终的制作方案

表 3-11　写出或画出制作完成的实际方案，并写出与制作前的不同之处

实际完成的方案

与设计方案的不同之处

4. 拓展应用

对于研究计划的制订，读者还有哪些想法或建议，赶快尝试写下来并行动起来吧。

3.4 利用多渠道、多种方法收集证据

3.4.1 关于证据的基本知识

1. 什么是证据

什么是证据呢？顾名思义，证据就是用来证明的根据。汉语词典里是这样解释的：甲事物能证明乙事物的真实性，那么甲事物就是乙事物的证据，乙事物是甲事物要证明的观点。

2. 证据的重要性

通过前面几节课的学习我们知道，探究既是学习的目标，又是学习的方式；既是一种学习的方法，也是一种教学的策略；既可以个人独立钻研，也可以团队合作完成。因此，灵活掌握和运用探究性学习方式和教学策略是很有必要的。然而，科学探究是一个复杂的过程，主要涉及提出问题、猜想、设计实验、获取与整理资料、得出结论并表达交流等诸多环节。每一个环节都需要收集证据来证明它的合理性，比如判断一个问题是不是一个科学问题，需要收集与该问题相关的属性作为证据，与科学问题的普遍特征相比较，符合"真实性""待解决性""正确性"三大特征的就是科学问题；再比如猜想也不是凭空想象的，它是依据已有的知识、经验的假设，这些已有的知识、经验就是证据；设计的实验在实施之前需要进行论证，需要阐明采用此方案的理论依据，分析此方案的可行性以及用该方案的预期结果和意义等，这些也都是需要证据的；即便是本节课要学的证据本身，也需要其他证据证明它的可靠性（真实性）、关联性（有效性）、完整性。因此收集证据的过程是科学探究的必经之路和核心环节。

3. 证据的类型

按照与观点（论点、命题）的相关程度分类，可将证据分为直接证据和间接证据。直接证据是指能够单独地、直接地证明观点的真实性的证据，在证明过程中无须经过复杂的推理过程，证据的证明显而易见。举个关于蜘蛛的例子，如果想知道某种蜘蛛是织网蛛还是洞穴蛛，那么就直接到它生活的区域去观察即可。如果观察到它正在织网，那它就是织网蛛；如果发现它正在打洞，那它就是洞穴蛛（见图3-22~图3-24）。而间接证据是指证据不能单独地、直接地证明观点的真实性，必须与其他证据结合起来，经过严谨的逻辑推理，间接地发挥证明观点的作用。再举个蜘蛛的例

子,织网蛛的捕食策略很高明,它织一张网,自己静静地潜伏在网的中心或网外面的某一个角落"守株待兔"。一旦有猎物上网就会被牢牢粘住,成为自己的美食。"猎物被网牢牢粘住"可以直接证明"蛛网有粘性",但不能直接证明另外一个问题"蛛网为什么粘不住蜘蛛",关于这个问题就不能直接证明了,需要进一步对蜘蛛的网和蜘蛛的四对足进行观察研究(见图 3-25~图 3-27)。于是做了一系列的实验,找到一些证据:①蜘蛛经常在具有高强度延展性但没有黏性的经线上行走;②蛛网与地面总是呈一定的角度,蜘蛛的身体接触不到网;③蜘蛛的足上涂有一层油性的物质。这些证据足以解释蜘蛛可以在自己织的网上自由行走而不被粘住的原因。另外,还可以根据事物的外在形式将证据分为实物证据、书面证据、口头证据,以及环境证据等,这种分类方法多用于诉讼证据,其实在科学探究中也同样适用,在这里就不赘述了。

图 3-22 圆网蛛

图 3-23 迷宫漏斗蛛

图 3-24 迷宫漏斗蛛结网

图 3-25 游猎蛛的足

图 3-26 水狼蛛的足

图 3-27 圆网蛛的足

3.4.2 收集证据的方法和手段

收集证据的过程就是通过观察、调查、实验或计算等途径获得实验现象或实验数据，以及其他与猜想或假设有关的所有资料、信息等过程。证据资料收集得越全面越好，为验证观点做好充分的准备。收集证据是研究者进行科学探究必备的一种能力。在指导学生开展科学探究的过程中，教学重点不应该只是知识体系的传授，更重要的是教会学生如何探究，引导他们亲身经历科学探究的过程，激发他们对科学的兴趣，从而形成科学的态度和科学探究的能力，其中就包括收集证据的能力。并且，还能够具体形象地将搜集到的证据表达出来。在本节课中，以"北京城区横纹金蛛支持带功能研究"为例，在收集证据的过程中，主要使用了实验观察法，即指人为地改变某些条件（比如在其他条件不变的情况下，选择不同蛛龄的蜘蛛）、有目的地引发某些行为（横纹金蛛使用白色条带捕食），以便更好地观察记录研究对象的行为表现。

3.4.3 以《北京城区横纹金蛛支持带功能研究》为例收集资料

1. 收集证据从何入手呢

在收集证据的过程中，总是不知道从何入手、不知道什么有用什么没用、该记什么不该记什么或先记什么后记什么。到最后，收集的材料不少，但是，有很多材料与要解决的问题不沾边、用不上。即便是与问题有关，但在数据分析时不知道该怎么使用。为此，以《北京城区横纹金蛛支持带功能研究》项目为例，学习如何设计一张原始记录表，确定收集哪些数据。一般情况下，根据实际需要，可采集以下几种数据（见表3-12）。

表 3-12 数据的种类

数据类型	特　性	记 录 内 容
定时数据	反映事物的发生时间 如何年何月何日何时何分何秒等	何事物的情况、状态
定位数据	反映事物的具体坐标位置 如经纬度、海拔高度	各种坐标数据
定性数据	反映事物的属性 如高山、河流、平原、道路等	某事物所处的地理地貌
定量数据	反映事物的数量特征 如长度、面积、体积等几何量，还有质量、速度、密度等物理量	某事物的大小、多少、轻重、快慢等
行为数据	反映动物的各种行为 如运动、捕食、防御、求偶、繁殖、育幼、建巢、打洞等	某动物的行为目标
天气数据	反映当地气候状况的数据 如气温、风力、阴晴等	某事物的活动情况
实验数据	反映实验室条件下的数据 如蜘蛛的食量、食谱、结网等	实验室条件下的状态
文献数据	反映前人曾经研究的相关问题 如解剖学知识、蛛形鉴定等	理论依据

横动物
行为探秘

2. 利用批判性阅读法获取横纹金蛛织网的文献资料

明确要解决的科学问题之后，开始有目的地查阅资料，重点收集和归纳三个方面的内容：①了解什么人对蜘蛛网上的支持带做过研究，取得哪些重要进展及进一步研究趋势；②了解使用何种技术手段进行的研究；③批判性阅读相关资料，理性对待作者的观点，找到当前所要解决的问题的突破点。

（1）收集证据的方法与途径：国家图书馆、中科院动物所提供的《中国动物志》（蛛形纲）和《北京蜘蛛》、中国知网（https://www.cnki.net）、百度文库（https://wenku.baidu.com/）、万方数据统一资源服务系统（http://www.wanfangdata.cn/）等。

（2）将相关信息写入研究日志。把查阅到的相关内容有条理地记录下来，为了便于在研究过程和数据分析时随时查阅，一定做到一事一议、一事一页。就《北京城区横纹金蛛支持带功能研究》案例而言，探究的关键问题是"横纹金蛛的支持带功能"。

在阅读文献时，随时记下重要信息（见图 3-28）。主要记录的内容有三项：前人的经验，已有的关于横纹金蛛的基础知识和前人使用过的技术与手段；前人的主要论点，解决本项目问题（白色条带的功能）的突破点；观察过程中发现的事实与资料中已有的描述间有什么异同。

基础知识	白色条带的功能	
中文名称：横纹金蛛 拉丁学名：*Argiope bruennichi* (Scopoli, 1772)《中国药用动物志》 识别特征：雌雄个体大小悬殊。雌蛛体长15.00~22.00mm，头背甲灰黄色，密被银白色毛。胸甲正中条斑黄色，两侧缘黑色。步足黄色，上有黑点及黑刺，膝节至后跗节都有黑色环纹。腹部长椭圆形，肩部稍隆起。背面鲜黄色，上有12条左右黑褐色横纹，故名横纹金蛛。雄蛛体长仅5.50~11.00mm，灰黄色，不如雌蛛鲜丽，无明显的横纹，但背面的刚毛排列整齐，宛如细横纹	文献资料	观察发现
	专家学者各说不一，比较被认同的观点有两个。 1. 白色条带有加固蛛网的作用，故名支持带(*Comstock*, 1948) 2. 支持带有对天敌的警戒作用，故名隐带(*Horton*,1981)	横纹金蛛借助支持带进行猎食。步骤如下。 1. 当猎物上网，横纹金蛛接近猎物 2. 迅速用足拉起白色条带，将猎物捆缚起来
	提出质疑：白色条带具有捕食功能，应该称其"捕食带"	

图 3-28 重要信息记录卡

3. 通过实地考察获得横纹金蛛生活环境的资料

在考察过程中，重点了解横纹金蛛的分布情况。主要考察市区的杂草绿地、郊区湿地、农田果园和山区，发现横纹金蛛的地区，除每年观察并定点记录外，对其周边地区进行发散性调查，主要观察蜘蛛的分布、数量变化和迁移情况。

（1）收集证据的方法：样地观察法。选择北京当地4块观察样地，分别是奥体中心杂草地、沙河湿地横纹金蛛分布区、鹫峰和百望山横纹金蛛分布区。奥体中心样地是笔者首次发现横纹金蛛的地方，并在笔者住家附近，便于观察，其他样地是在考察发现横纹金蛛的地区中选择出分布数量较多的三个地区。

（2）利用表格对研究样地的自然环境进行详细记录，包括样地、面积、位置以及环境和植被状况（见表 3-13）。

表 3-13 样地的环境状况

样　地	面积 /m²	位　置	环境及植被
杂草绿地	120×100	奥体中心	有乔木、灌木、杂草、砖石朽木
果园	180×130	沙河湿地	有乔木、灌木、杂草
杂草地	120×10	鹫峰	有灌木、杂草、碎石朽木
杂草地	(450×15)×2	百望山	有乔木、灌木、杂草、砖石朽木

每年5月中旬至10月下旬，对样地定期进行观察，观察记录蜘蛛的年生活史、

生活习性和捕食行为，蜘蛛数量的变化、分布和迁移情况，以及样地环境变化对蛛群的影响等。

4. 通过实验观察获得横纹金蛛编织白色条带的数据

横纹金蛛的网一般描述为垂直圆网，上有两条上下垂直的支持带。幼蛛早期的网多数没有支持带，蛛网心是拥有支持带功能的非常致密的丝片，蜘蛛挂在丝片中央（见图3-29）。幼蛛在植物叶片间结网，这个时期的垂直网较少，很多为水平网或倾斜角度较小的网，网的直径一般在 5~12cm。

横纹金蛛结网一般在早晨 5:00—7:00，形成支持带是在网结成以后的最后一个程序。蜘蛛以捕食所用的束状丝从网的边缘向网心行走，边走边泌丝形成支持带。支持带黏性较小，捕食时蜘蛛用其捆缚猎物，主网一般不会被撕破，4龄以上的雌蛛在这一时期织的网才是被通常描述的横纹金蛛的网（见图3-30），支持带通常没有幼蛛网心的丝片致密，但网心的丝片仍清晰可见。

图 3-29 幼蛛早期织中心网片

图 3-30 4龄幼蛛织支持带

雄蛛个体小，织的网也很小。很多时候连着雌蛛的网或与雌蛛相邻，很少有支持带或仅下侧有支持带。雄蛛成蛛不织网，守在雌蛛成蛛网旁候机上网（见图3-31）。4龄以上雌幼蛛的网支持带出现得较多，此时网心的丝片变薄，但仍可见。5~6龄雌幼蛛的网，网直径加大，支持带也较致密，心的丝片多数仍是可见。交配后成蛛织网行为减少，后期基本上不再织网，也很少修补网，有时会抢占幼蛛的网或栖息在其他蛛的弃网上，仍捕食，而且食量较大。

图 3-31 成年雌蛛（大）和成年雄蛛（小）

5. 通过对比实验获得不同蛛龄横纹金蛛使用白色条带捕食的数据

观察发现横纹金蛛在捕食猎物时用白色条带缠绕猎物，关于这一点，在相关文献中没有描述，为此，设计了多次重复试验，在同等条件下（控制变量法），对幼蛛和成蛛的捕食行为进行较为全面的观察，主要想搞清楚两个问题：第一个问题是横纹金蛛用白色条带缠绕猎物是偶然现象，还是白色条带就是用来捕食的；第二个问题是如果白色条带是用来捕食的，那么横纹金蛛会在什么时机或什么情况下使用白色条带？

（1）收集证据方法：实验观察法。从研究样地采集到不同龄期的横纹蜘蛛；按龄期分成若干个实验组，每组 8 头蜘蛛，分别放在实验室指定区域进行放养，定时进行观察并做记录。实验设计包括幼蛛（4~6 龄）捕食行为实验和成蛛（6 龄以上）捕食行为实验。

（2）采用表格工具进行记录。为了全面、快速地记录，可采用系统表格记录的方法，即时记录幼蛛和成蛛的捕食行为。选择 4~5 龄幼蛛 8 头，在家中阳台放养，每天早晚喂食两次，喂食以黄粉虫为主，还有蛾、蝇和蜂类。喂食方法，用虫投网。观察期为 5 天，每次记录蜘蛛的捕食行为（见表 3-14）。

表 3-14　幼蛛捕食实验 A

蛛号＼天数	D1		D2		D3		D4		D5		支持带使用率 /%
1	▲	★	●	▲	▲	▲	★	▲	▲	★	40
2	▲	▲	▲	★	▲	▲	▲	▲	▲	▲	10
3	●	▲	▲	▲	★	▲	▲	▲	▲	▲	20
4	▲	●	★	▲	▲	▲	▲	▲	▲	★	30
5	★	●	▲	★	▲	★	▲	▲	▲	▲	40
6	★	▲	▲	▲	★	▲	▲	▲	▲	●	30
7	▲	▲	●	▲	▲	▲	●	▲	▲	▲	30
8	▲	●	▲	▲	★	▲	▲	▲	▲	▲	20
平均											27.50

注：▲为丝捆缚；★为支持带；●为支持带＋丝捆缚。

从表 3-14 中可以看出，8 头幼蛛均有使用支持带辅助捕食的行为。并发现使用支持带有两种形式：①单纯使用支持带；②用丝与支持带一起捆缚猎物。

通过幼蛛喂食实验 A 可以初步判断支持带有辅助捕食的功能。因此决定进行实验 B，选择幼蛛龄期比实验 A 大，5~6 龄幼蛛 8 头，在家中阳台放养，同样每天早晚喂食两次，喂食方法同上。观察期为 5 天，每次记录蜘蛛捕食行为（见表 3-15）。

表 3-15 幼蛛捕食实验 B

蛛号＼天数	D1		D2		D3		D4		D5		支持带使用率 /%
1	▲	★	▲	▲	▲	▲	▲	▲	▲	▲	10
2	▲	▲	▲	★	▲	▲	▲	▲	▲		10
3	●	▲	▲	▲	★	▲	▲	★	▲		30
4	▲	▲	★	▲	▲	▲	▲	▲	▲		10
5	▲	●	▲	▲	▲	▲	▲	▲	▲		10
6	★	▲	▲	▲	▲	●	▲	▲	▲		20
7	▲	▲	★	▲	▲	▲	▲	▲	▲		10
8	▲	▲	▲	▲	★	▲	▲	▲	▲		10
平均											13.75

注：▲为丝捆缚；★为支持带；●为支持带 + 丝捆缚。

从表 3-15 可以看出，8 头幼蛛均有使用支持带辅助捕食的行为，但使用的频率略低于实验 A。另外，笔者发现，是否使用支持带与猎物的大小强弱有关。

选择相对于蛛体较大的猎物喂食，观察支持带使用的情况。设计实验 C，同样选择 4~5 龄幼蛛 8 头，在家中阳台放养，每天早晚喂食两次，喂食方法同上。观察期为 5 天，每次记录蜘蛛的捕食行为（见表 3-16）。

表 3-16 幼蛛捕食实验 C

蛛号＼天数	D1		D2		D3		D4		D5		支持带使用率 /%
1	●	★	▲	▲	★	▲	▲	▲	▲	★	40
2	▲	▲	▲	★	▲	★	▲	●	▲	▲	30
3	●	▲	▲	▲	★	▲	▲	●	★	▲	40
4	★	▲	★	▲	★	▲	●	▲	●	▲	50
5	▲	●	▲	▲	★	▲	▲	▲	▲	●	20
6	★	▲	▲	▲	▲	▲	★	▲	▲	●	30
7	▲	★	★	▲	●	▲	▲	★	▲	▲	40
8	▲	▲	▲	▲	★	▲	▲	▲	▲	●	20
平均											33.75

注：▲为丝捆缚；★为支持带；●为支持带 + 丝捆缚。

从表 3-16 中可以看出，8 头幼蛛使用支持带辅助捕食的频率明显上升，这一数据表明是否使用支持带辅助捕食与猎物的大小强弱有关。

为了进一步观察蜘蛛在什么情况下采用支持带＋丝捆缚的捕食方法，设计了实验D。选择4~5龄幼蛛8头，在家中阳台放养，每天早晚喂食两次，喂食比蛛体大的猎物，如大黄粉虫、甲虫、蝗虫，方法同上。观察期为5天，每次记录蜘蛛的捕食行为（见表3-17）。

表3-17　幼蛛捕食实验D

蛛号＼天数	D1	D2	D3	D4	D5	支持带使用率/%	支持带+丝捆缚使用率/%
1	●★	●★	★●	●▲	●★	90	50
2	★●	★★	●★	▲●	★●	90	40
3	●●	●★	▲★	●▲	●★	70	40
4	★★	▲●	●★	●★	▲★	70	30
5	▲●	●▲	●★	●●	●★	60	40
6	★▲	●●	●★	●▲	●★	70	40
7	●▲	★●	●●	●▲	●●	60	50
8	▲★	●★	●★	●●	●▲	80	40
平均						73.75	41.25

注：▲为丝捆缚；★为支持带；●为支持带＋丝捆缚。

从表3-17中可以看出，5头幼蛛不仅使用支持带辅助捕食的频率明显上升，采用支持带＋丝捆缚的捕食方法也明显增多，这一数据表明采用何种方法捕食，在猎物上网时，蜘蛛是有选择的。

为观察成蛛使用支持带捕食猎物的情况，选择8头成蛛，在家中阳台放养，每天早晚喂食两次。观察期为5天，每次记录蜘蛛的捕食行为（见表3-18）。统计记录数据，为保证实验的科学性，和幼蛛捕食实验一样进行了三次重复实验。

表3-18　成蛛捕食实验A

蛛号＼天数	D1	D2	D3	D4	D5	支持带使用率/%
1	▲▲	▲▲	▲▲	▲▲	▲▲	0
2	▲▲	▲▲	▲▲	▲▲	▲▲	0
3	▲▲	▲▲	▲▲	▲▲	▲▲	0
4	▲▲	▲▲	▲▲	▲▲	▲▲	0
5	▲▲	▲▲	▲▲	▲▲	▲▲	0
6	▲▲	▲▲	▲▲	▲▲	▲▲	0
7	▲▲	▲▲	▲▲	▲▲	▲▲	0
8	▲▲	▲▲	▲▲	▲▲	▲▲	0

注：▲为丝捆缚。

从表 3-18 中可以看出，8 头成蛛每头喂食 10 次均未使用支持带辅助捕食。

选择相对于蛛体较大的猎物喂食，观察支持带使用的情况。同样选择 8 头成蛛，在家中阳台放养，每天早晚喂食两次，喂食蝗虫和蚱蜢的成虫，喂食方法同上。观察期为 5 天，每次记录蜘蛛的捕食行为（见表 3-19）。

表 3-19　成蛛捕食实验 B

蛛号＼天数	D1		D2		D3		D4		D5		支持带使用率/%
1	▲	▲	▲	▲	▲	▲	▲	▲	▲	▲	0
2	▲	▲	▲	▲	▲	▲	★	▲	▲	▲	10
3	▲	▲	▲	▲	▲	▲	▲	▲	▲	▲	0
4	▲	▲	▲	▲	▲	▲	▲	▲	▲	▲	0
5	▲	▲	▲	▲	▲	▲	▲	▲	▲	▲	0
6	▲	▲	▲	▲	▲	▲	▲	▲	▲	▲	0
7	▲	▲	▲	▲	▲	▲	▲	▲	▲	▲	0
8	▲	▲	▲	▲	▲	▲	▲	▲	▲	▲	0

注：▲为丝捆缚；★为支持带。

从表 3-19 中可以看出，8 头成蛛各喂食 10 次，仅有 1 头成蛛 1 次使用支持带辅助捕食。

为观察成蛛采用直接口器咬捕食的情况，选择成熟数天或已交配过的成蛛 8 头，在家中阳台放养，每天早晚喂食两次，喂食面包虫，喂食方法同上。观察期为 5 天，每次记录蜘蛛的捕食行为（见表 3-20）。

表 3-20　成蛛捕食实验 C

蛛号＼天数	成熟天数	D1		D2		D3		D4		D5		口器咬使用率/%
1	3	◎	◎	■	▲	■	▲	▲	■	▲	◎	50
2	6	■	◎	■	◎	◎	◎	◎	■	◎	◎	70
3	7+▽	◎	■	◎	◎	◎	▲	◎	◎	◎	▲	80
4	5+▽	◎	▲	◎	▲	◎	■	▲	◎	■	■	60
5	11+▽	■	◎	◎	◎	◎	■	◎	■	▲	◎	80
6	2	▲	■	▲	■	▲	◎	◎	■	▲	▲	50
7	9+▽	■	◎	■	◎	◎	◎	◎	▲	■	◎	90
8	7+▽	▲	◎	■	◎	▲	■	■	◎	▲	◎	70
平均												68.75

注：▲为丝捆缚；◎为口器咬；■为口器咬＋丝捆缚；▽为已交配。

从表 3-20 中可以看出，直接用口器咬或口器咬 + 丝捆缚是成蛛较多使用的捕食方法，而且成蛛成熟期越长，口器咬的运用率越高。

3.5 常用的实验数据分析与处理方法

3.5.1 运用列表法和作图法对实验数据进行处理

对实验数据的处理离不开绘制图表。在科学研究中，常见的实验数据的处理有两种体现方式：一是列表法；二是作图法。下面以《北京城区横纹金蛛支持带功能研究》为例，详细探讨这两种方法的使用。

1. 列表法

列表法就是将一组实验数据好计算的中间数据依据一定的形式和顺序列成表格。列表法可以简单明确地表示出各物理量之间的对应关系，便于分析和发现数据的规律性，也有助于检验和发现实验中的问题。列表法的基本要求主要有三点：①设计合理，以便于记录、检查、运算和分析；②标清物理量，如符号、单位及量值的数量级等，但不要把单位写在数字后；③填全数据，原始数据、计算过程中的一些中间数据和最后结果。另外表 3-21 下部要有实验数据说明。

表 3-21 样地情况观察表

样地名称：_____

日期		天气	温度	蜘蛛总数		雌雄蛛总数		支持带		蛛卵	
月	日			幼蛛	成蛛	雌	雄	无	有	无	有

2. 作图法

作图法是指在坐标纸上用图线表示各物理量之间的关系，揭示各物理量之间的联系。作图法具有简明、形象、直观、便于比较研究实验结果等优点，它是一种最常用的数据处理方法。中小学生做科学探究活动时，用得最多的分析工具是 Microsoft Excel 电子表格软件，可以完成基本的分析工作。直观的界面、出色的计算功能和图表工具，使 Excel 成为中小学生最常用的个人计算机数据处理的工具。根据中小学生的实际需要，在这里重点学习两项最基本的技能：计算技能和图表设计。

（1）基本计算技能

使用 Microsoft Excel 电子表格软件进行基本的数据统计，主要有求和、平均值、计数、最大值、最小值等。比如，统计奥体中心、沙河湿地、鹫峰和百望山 4 个区域的横纹金蛛分别于 2004 年、2005 年、2006 年、2007 年的分布概况及其 4 年的总体概况比较。其中所运用的基本计算技能是求和。选定要求和的数据行或数据列，并增加一空白单元格，单击软件界面右上角的求和符号∑，在弹出的下拉列表框中选择"求和"，就会在空白单元格里显示行或列的数的"和"（见图 3-32）。

图 3-32　基本计算机能"求和"

（2）图表设计技能

图表设计技能是指将数据转化为可视化强、对比鲜明的图表。方法是先选定所有数据，单击"插入"按钮，根据数据分析的需要，选择相应的图表形式，主要有"柱形图""折线图""饼图""条形图"等。在本小节中，将图 3-26 中的数据转换成柱形图（见图 3-33），包括二维图形和三维图形。

图 3-33　二维柱形图

以二维柱形图为例，比较 4 年中横纹金蛛在 4 大区域的分布概况（见图 3-34）。图表主要包括图表标题、图例、绘图区、数据系列、数据标签、坐标轴、网格线等。其中图表标题、数据标签、坐标轴签可以通过"布局"进行编辑、添加。根据列表法中的"样地情况观察表"中的原始记录及统计结果作出柱状图，从图 3-34 中可以明显看出 4 年来 4 个样地中横纹金蛛的分布数量呈递增趋势，百望山变化最为显著，可以反映出样地所在地区的生态状况。

图 3-34　4 年 4 区横纹金蛛的分布

3.5.2　对实验数据进行分析

证据是用来证明的根据，并且还知道"如果甲事物能证明乙事物的真实性，那么甲事物就是乙事物的证据"。那么证据是怎么得来的呢？证据从观察、调查、实验中得来，它是从收集到的原始数据中抽取出来的有用信息。数据也是通过观察、实验或计算得出来的，是对自然、社会现象和科学实验的定量或定性的记录。也就是说，证据是从数据中心提炼出来的，数据是事实和观察的结果。并不是所有的数据都可以作为证据，只有对事实产生影响时才成为证据信息。举个例子，如果想证明棒络新妇蛛的织网程序与其他圆网蛛的织网程序不一样，那就观察记录它织网的每一个步骤，把观察的结果画成示意图（见图 3-35），这张示意图就可以作为证据。同时，如果还观察到棒络新妇蛛捕食到一只蛾子，那么这条信息只能证明棒络新妇蛛的食谱中有蛾子，但是不能作为它织网程序的证据。

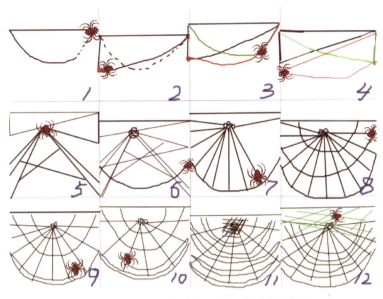

图 3-35　棒络新妇蛛织网的程序图（证据）

1. 什么是数据分析

数据分析是指用适当的统计分析方法从收集来的大量数据（事实或结果）中提取有用信息并加以详细研究、概括和总结的过程。换句话说，就是对收集到的数据首先进行分类、鉴别，去粗存精、去伪存真地处理，抽取出有价值的信息的过程。

2. 怎样进行数据分析

数据分析就是把有用的数据信息抽取出来作为证明的根据。一是将现有的数据进行分类鉴定。其目的是为了把所有收集到的原始数据进行分类，鉴定出哪些是对本命题有用的信息，哪些是无用的信息？有用的信息用在哪？怎么用？无用的信息也不能轻易丢弃，因为它对本命题而言无用，但对以后的某个新命题也许还有用，应作为资料保存。二是利用抽取出来的证据信息对命题进行分析论证。常用的统计分析方法有：平均数、标准差、概率分布、公差分析、主成分分析等（李青喜，《生物统计学》，科学出版社，2008）。常用的数据分析软件有 Excel、SPSS 等。在本章中使用的是 Excel 分析软件。

3.5.3　利用 Excel 统计分析横纹金蛛利用白色条带捕食的数据

1. 幼蛛利用白色条带进行捕食的数据分析

结合上节课统计到的证据材料，利用 Microsoft Excel 电子表格软件对收集到的关于横纹金蛛利用支持带（白色条带）进行捕食的数据进行图表处理。

通过幼蛛喂食实验 A 和实验 B 的对比数据，可以明显地看出幼蛛在成长中，随着龄期的增长，捕食能力随之增长，泌丝量也随之加大，捕食时支持带辅助捕食使用率逐渐减少（见图 3-36）。

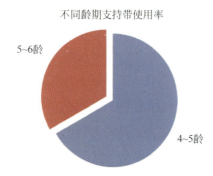

图 3-36　不同龄期支持带使用率

当有较大猎物上网时，幼蛛更多地使用支持带辅助捕食（见图 3-37）。通常情况下，蜘蛛先用丝捆缚猎物，然后将猎物固定在网上后，返回到网心。期间如果发现猎物未被控制，蜘蛛会继续使用丝捆缚或使用支持带辅助捆缚猎物。

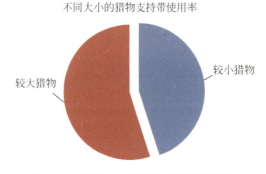

图 3-37　不同大小的猎物支持带使用率

面对大的猎物，幼蛛更多地使用支持带＋丝捆缚的方法捕食猎物（见图 3-38），这是在捕食之前蜘蛛已经策划好的，只凭泌丝难以将猎物束缚，可能根本无法捆缚住猎物。同时使用支持带可以加大捆缚的面积，短时间内将猎物捆缚。当然在捕食大的猎物时，经过较量放弃猎物的比率也较高。当无法与猎物抗衡时，蜘蛛会选择弃网逃跑。

6 龄幼蛛已经接近成熟，可以分泌麻痹猎物的毒液，因此捕食方法向口器咬过渡，6 龄幼蛛是捕食方法发生变化的过渡期。6 龄幼蛛后期开始使用丝捆缚＋口器咬的捕食方法，这时仍以丝捆缚为主，但辅助方法不再使用支持带，而是口器咬（见图 3-39）。

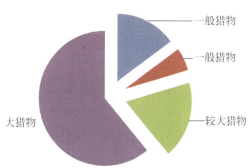

图 3-38　不同大小的猎物支持带+丝捆缚使用率

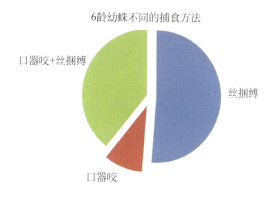

图 3-39　6 龄幼蛛不同的捕食方法

综上所述，幼蛛喂食实验 A 至实验 D 的数据表明 4~6 龄幼蛛较多地使用支持带辅助捕食，此时的幼蛛不论猎物大小，都不采用口器咬的捕食方法。随着龄期的增长，支持带的使用率逐渐下降。

2. 成蛛利用白色条带进行捕食的数据分析

口器咬是成蛛晚期主要运用的捕食方法，这时丝捆缚已经成为辅助手段。当成蛛咬住猎物时，简单地用丝捆几下固定猎物，注入毒液，而后蜘蛛回到网心，等待猎物被它的毒液麻醉。猎物长时间挣扎时，蜘蛛不是继续用丝捆缚，而是再咬住猎物注入更多的毒液（见图 3-40）。

成蛛交配以后更多地选择单纯口器咬的捕食方法，这与蜘蛛体态增大捕食能力加强有关，同时也与能量储备有关（见图3-41）。

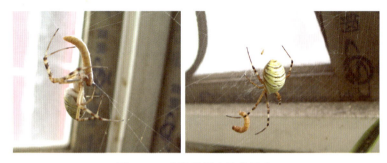

图3-40　成蛛利用支持带捕食

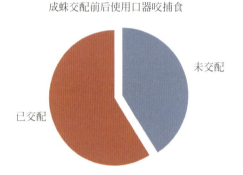

图3-41　成蛛交配前后直接使用口器咬捕食

从野外的观察数据和对蜘蛛的喂食实验数据可以看出，横纹金蛛不同时期的捕食行为有较大的差异。捕食方法的演变过程：丝捆缚（包括丝捆缚+支持带）→丝捆缚+口器咬→口器咬+丝捆缚→口器咬。丝捆缚阶段，运用支持带和丝捆缚+支持带的频率较多，丝捆缚+口器咬时蜘蛛就很少用支持带辅助捕食，口器咬+丝捆缚阶段，蜘蛛以口器咬为主，丝捆缚为辅，根本不再用支持带。口器咬阶段，蜘蛛以口器咬为主，扑向猎物咬住并注入毒液，使用丝捆缚（少量的丝）将猎物固定在网上。

横纹金蛛4~6龄的幼蛛食量增加幅度较大，雌蛛成蛛进食量比6龄幼蛛小，交配后进食量迅速增加，为进食量的高峰期，产卵前两天一般不进食。

张网捕食本身是一种被动的行为，无法控制上网猎物的大小和种类。大型猎物上网时，蜘蛛通常使用颤网或弃网的自卫手段，并不贸然捕捉猎物。对于较大的猎物，蜘蛛首先进行观察，经过一段时间的判断选择后，才确定是否捕捉，即使这样，也会有难以俘获而弃网的时候。

3.6 以科学归纳推理得出结论

3.6.1 关于结论的基本知识

得出结论是对研究过程所得的现象及实验结果（数据）进行综合分析、逻辑推理而得出的总判断、总评价，是研究结果必然的逻辑发展。结论是论文的精髓和归宿。得出结论的过程就是要通过符合逻辑的形式组织作者的思想，解释清楚为什么会出现这样或那样的结果，出现这样的结果意味着什么等问题。

结论是理论的升华，是理性认识；结果则是具体的现象，属感性认识。结论是对结果认识的质的飞跃。作者创造性的发现和见解主要是通过分析和讨论表现出来的。在分析和讨论的表述中，必须坚持以实验结果为基础，以理论为依据，进行科学分析，不要作出一些脱离实验基础甚至背离实验结果的结论。

结论又称结束语，是对论文从总体上所作的最终总结。它是在理论分析或实验结果与讨论的基础上通过严密的逻辑推理而得出的新的总观点。

结论概括而简要地说明本文解决了什么问题，有什么理论意义和使用价值，得出了什么规律，建立了什么方法；结论对前人或他人的相关研究做了哪些检验，与自己的研究结果相比，哪些一致，哪些不一致，自己做了哪些修改、补充、发展、证实或否定；自己的研究有哪些不足之处，还有哪些未解决的问题，以及解决这些问题的设想等。

3.6.2 应用归纳推理得出结论

1. 什么是归纳推理

在前几章学过逻辑推理，它包括演绎推理和归纳推理。归纳是指从个别对象推知一类对象，从个别性知识推知概括出一般原理或规律的推理形式和思维方法。归纳推理包括完全归纳法和不完全归纳法。在本节中应用的是不完全归纳推理，也就是根据某类事物部分对象都具有某种属性，从而推出该类事物都具有该种属性的结论。

2. 怎样应用科学归纳推理得出结论

科学归纳推理属于不完全归纳推理的一种，是根据某类事物中部分对象与某种属性间因果联系的分析，推出该类事物具有该种属性的推理。科学归纳推理不仅要考察一类事物的部分对象有某种属性,而且还要进一步指出对象与属性之间的因果联系,并由此推出结论。

推理过程或方法如下。

已知:S_1、S_2、…、S_n是S类事物的部分对象。

观察发现:S_1是P、S_2是P、…、S_n是P,其中没有发现S_m不是P的现象。

科学实验表明:S和P之间有因果联系。

得出结论:所有S都是P。

如图3-42所示,小男孩弯头看了看警戒线与立柱的连接部位(好奇),然后伸出手,用力拉了拉,没拉下来,左右晃了晃,也没有晃下来,接着向上一提,下来了(实验)。警戒线从他手中滑落,掉在了地上。他跑过去,拿回来,将警戒线插进立柱上,然后拔出来,又插上去,重复了三次(重复实验)。之后,他转过身,用手扶着警戒线,慢慢走向第二个立柱,直接向上一提,就拿下来了,又插了上去,重复了两次(验证)。这时候,他停下来,目光顺着警戒线一直看向第三个立柱(推理、判断),但是他没有走过去。从他坚定的目光中可以看出,他已经根据第一、第二个立柱的实践和验证推理出第三个立柱与警戒线也是插在一起的结论。

图3-42 小男孩的归纳推理

3.6.3 应用科学归纳推理得出"横纹金蛛网上的白色条带具有捕食功能"的结论

我们仍以《北京城区横纹金蛛网上的白色条带功能研究》为例。当看到"横纹金蛛利用网上的白色条带进行捕食"现象时,猜测"白色条带具有捕食功能",因此,我们对横纹金蛛进行了多次重复实验观察。结果发现,横纹金蛛从幼蛛到成蛛都使用支持带进行捕食，并且随着蛛龄的增大横纹金蛛使用支持带捕食的概率逐渐减少。初步判定横纹金蛛的支持带是用来捕食的，幼蛛使用支持带捕食的概率高于成蛛。详细推理过程如下。

1. 据以往的资料表明，白色条带具有两大功能

近年来许多媒体对横纹金蛛网上的白色条带进行过报道，横纹金蛛被誉为会织英文字母的蜘蛛。学术界关于白色条带功能的文献报道和观点大多集中在加固蛛网和对天敌的警戒这两个方面的作用，并且根据这两个作用，将其命名为"支持带"和"隐带"（下面统一称为"支持带"），但都未提及横纹金蛛利用支持带进行捕食的行为。

2. 不同龄期的横纹金蛛对支持带的使用率不同

1）1~2 龄雌幼蛛在网心织白色圆形丝片辅助捕食

笔者通过几年的观察发现，绝大多数低龄期幼蛛很少织支持带，而是在网心织一张与蛛网同心的白色圆形丝片，并且比高龄期幼蛛织得致密，丝片与网的大小比例也较高龄期幼蛛的大。当遇到较大猎物落网时，低龄期幼蛛使用网心的丝片辅助捕食不仅捕获率高，相对泌丝捆缚猎物的做法更容易一些。低龄期幼蛛体色很浅，与网心致密丝片的颜色相近，蜘蛛趴在上面不易被发现。与丝片融为一体，可以对天敌造成迷惑和警戒，有利于保护自己。

2）3~4 龄雌幼蛛开始较多使用支持带辅助捕食较大猎物

在这个阶段，网心的丝片开始变薄，但仍可见。笔者认为支持带是网心丝片的延伸和扩展，其功能与网心的丝片一样，既用于辅助捕食，又用于迷惑和警戒天敌。此时的幼蛛不仅体形增大，进食量也迅速增长，为了能捕获更多的猎物，蜘蛛不得不扩大网的面积，以求网住更多的猎物。网的面积越大，猎物落网距离网心的丝片就可能越远。在这种情况下，借用网心丝片辅助捕食就比较困难。支持带从网心向外延伸，有时延至网的边缘，当较大猎物落网时，蜘蛛一边泌丝捆缚猎物，一边将猎物拖向支持带。有时是先泌丝捆缚猎物，并将其固定在网上，稍作休息后再将猎物拖向支持带，并用支持带捆缚猎物。横纹金蛛泌丝捕食是使用束状丝，支持带也是网结成后，蜘蛛以束状丝粘在网上。捕获较大的猎物，蜘蛛是否拥有那么强的泌丝能力是一个关键问题，在这种情况下，借助支持带捆缚猎物，明显可以加大捕获猎物的概率。从笔者对幼蛛的一系列喂食实验可以看出，捕获较小的猎物，蜘蛛一般使用丝捆缚的捕获方法，但捕获较大的猎物时，使用丝捆缚＋支持带的比例明显上升，这说明面对较大

的猎物，蜘蛛不拥有绝对的实力，蜘蛛的泌丝能力不足以将猎物完全捆缚，因此需要借助支持带捆缚猎物。

3）5~6龄雌幼蛛开始减少支持带的使用率

这一龄期的幼蛛织的网直径更大，支持带更加致密，网心的丝片多数仍是可见的。这一时期的蛛网形状就是人们通常描述的横纹金蛛网的样子。蜘蛛在这一阶段进食量迅速增长，自身也快速生长。随着蜘蛛的快速发育，其捕食能力也逐渐加强，6龄幼蛛已经接近成熟，可以分泌麻痹猎物的毒液，因此捕食方法向口器咬过渡。6龄幼蛛是捕食方法发生变化的过渡期。在这一阶段，蜘蛛捕食时支持带的使用率逐渐减少，直至不再使用。

4）6龄后期幼蛛和成蛛几乎不再使用支持带辅助捕食

这一时期的横纹金蛛在捕食时大多使用口器咬或口器咬+丝捆缚的方法，这个时期蜘蛛所结的网没有支持带的比率较高，这种变化显然与蜘蛛的捕食行为发生变化有关。另外，笔者所作的幼蛛喂食对比实验数据显示，食物充足的蜘蛛，所结的网支持带不完整率较高，而食物匮乏的蜘蛛，则支持带完整率较高。这表明在食物充足的时候，蜘蛛没有必要冒很大的风险捕捉较大的猎物，因此很少使用支持带，结网时支持带织得较为简单。这也从另一个侧面说明，蛛网的支持带在很大程度上是用于辅助蜘蛛捕食的。

3. 支持带并不是用来加固或支持网的

笔者通过几年对横纹金蛛的观察，认为横纹金蛛网上支持带的功能主要有两个：①辅助蜘蛛捕食；②对天敌造成迷惑和警戒。至于加固或支持蛛网的作用，笔者认为可能性很小。从笔者的观察数据看，6龄幼蛛后期和成蛛的蛛网最大，但没有支持带的比率却比较高。4~6龄的幼蛛蛛网一般比成蛛的小，网上支持带的完整率反而较高。4~6龄的幼蛛为了能更多地捕食猎物，通常频繁地更换捕食地点，结织新网的频率也较成蛛快，因而并不比成蛛更需要借助支持带加固蛛网，由此笔者认为，支持带并不是用来加固或支持网的。

4. 横纹金蛛结网行为的变化与其捕食行为的变化密切相关

横纹金蛛的网不仅非常有特点，在不同龄期结网的行为也有所不同。从幼蛛早期网心致密的丝片到成蛛后期基本上没有支持带的网，这期间蛛网不仅是直径从小到大，网上的支持带也是经历了从无到有，再从有到无，从稀疏到致密，再从致密到稀疏的过程。

蜘蛛结网行为的这些变化与其捕食行为的变化紧密相关。蜘蛛随着龄期的增长，捕食猎物的能力也逐渐加强，由单一使用蛛丝捆缚的捕食方法演变为使用口器咬住猎物，向其体内注入毒液。在这一演变过程中，蜘蛛要经历几个龄期的变化，直至接近成熟时，才能较好地运用口器咬的捕食方法。

蜘蛛在成长过程中，4~5龄期开始大量进食。这时蜘蛛还不能使用口器咬的捕食方法，只能单纯依靠丝捆缚捕获猎物。正是为了能更多地捕食猎物，以满足快速生长的需要，蜘蛛这一阶段的网常常结有较为致密的支持带。支持带大多使用在蜘蛛与猎物势均力敌的时候，这种情况下，蜘蛛单纯依靠自己的泌丝能力常常无法将猎物捕获。使用支持带，使蜘蛛拥有更多捆缚猎物的蛛丝，并且捆缚的速度也能加快，从而达到捕获猎物的目的。

蜘蛛接近成熟以后，开始较多地使用口器咬的方法捕食，这时蛛网上的支持带开始稀疏，并且有许多支持带不完整，有的甚至没有。因为这时的蜘蛛通常情况下单凭口器咬就能将猎物捕获，必要时可以辅助丝捆缚，根本用不上支持带，可以说支持带的使命到此已经基本结束了。成蛛的网没有支持带和支持带不完整的非常多，但成蛛的网心丝片始终都可见，只是较为稀疏。

笔者认为，蜘蛛成熟以后，虽然有的网上还会有不完整的支持带，网心的丝片也还会保留，但其辅助捕食的功能已不存在，迷惑和警戒天敌的作用也微乎其微。此时不完整的支持带只是蜘蛛的一种习惯而已。因为随着蜘蛛自身能力的加强，一般上网的猎物已不能再与蜘蛛势均力敌，从而并不对其构成威胁，蜘蛛已经能够从容地将其捕获。

3.6.4 研究结论的表述方式

结论要有严谨的逻辑性，措辞必须严谨，要用肯定的语气和可靠的数字，不能含糊其词、模棱两可。在肯定或否定某一论点时，不要使用"大概""可能""也许"之类的词语，以免给人造成一种似是而非的感觉。通过上述分析得出以下结论。

（1）横纹金蛛网上的白色条带并不是用来支持或加固网的。横纹金蛛网上的白色条带主要是用于辅助捕食，其次用于隐蔽御敌。

（2）低龄期不织支持带，而在网心织密度不同的网片，其功能等同于支持带，也是用于辅助捕食的。

（3）不同龄期的横纹金蛛，其结网行为及网的结构与其不同龄期捕食行为和能力有关。伴随蛛龄增加蛛网直径变大，捕食能力增强，网上的支持带也会经历从无到有，再从有到无，从稀疏到致密，再从致密到稀疏的过程。

3.7 归纳类比和展示交流

3.7.1 科学探究项目中展示交流的要求

在科学探究的表达交流阶段，根据交流表达的不同场合和目的，学生需要准备不同的表达交流稿。书面且正式的课题表达形式通常用于撰写科学探究论文，而涉及口头表达交流的形式一般以口头报告或展板形式呈现。论文和口头报告或展板在形式体例上稍有不同，但基本都包括研究背景、材料与方法、结果与讨论、结论等这几项主要部分。本节将以这几部分的撰写为例阐述科学思维的应用。

3.7.2 展示交流中的思维工具

1. 归纳

第 2 章对于归纳推理进行了详细的描述，归纳推理是从若干个个别的认识前提出发，推出一般性结论的推理。这种推理是对若干个个别事物的情况的逐一断定，结论是一般性认识。归纳推理是将事物从局部认识逐渐扩大到对于其整体认识的过程，是人们面对大千世界的千千万万种事物时，所采用的化繁为简、抽丝剥茧、万变不离其宗的思维方法。

因此，培养学生的归纳推理能力对提高学生核心素养和关键能力具有重要价值。在科学教学与实践中合理利用归纳推理方法，能够有效提升学生思维品质和科学素养。[1]

在科学探究课题的表达交流阶段，合理利用归纳推理，进行实验数据的分析和推理，能够提升所撰写的论文或报告的品质，从而提升学生的归纳推理能力。

---

[1] 邰玉韦，黄翠香.生物学教学中学生归纳推理能力的培养策略[J].教学月刊·中学版（教学参考），2019（6）：46-49.

2. 类比

如前章所述，类比是一种科学研究方法，也是一种重要的思维工具。目前类比法除了在数学、物理、生物、化学等理科教学得到应用外，在语文、英语、美术等人文社科教学中也得到了各种尝试，并且越来越受到教育者们的关注。[①]

研究与实践表明，类比有助于学生自主探索新知识，改变被动学习方式；同时，类比还有助于学生培养开放性思维，提高科学思维和能力。

在科学探究的表达与交流阶段，即撰写论文或口头报告过程中，合理利用归纳与类比方法能够提升表达与交流的有效性。后面将一一阐述。

3.7.3 归纳类比在论文/报告撰写中的应用

1. 在"研究背景"中应用归纳与类比工具

一般来说，研究背景包括该课题方向的国内外研究进展、目前存在的问题以及自己的研究目的等。其中，国内外研究进展需要将该领域前人的重点研究进行介绍。但是前人研究分散在多篇学术论文中，既有综述性文章，也有笔者各自的撰写思路。而且从学术道德的角度来说，我们也不能照搬别人的论文。那如何将查阅的各项资料在论文中呈现呢？归纳法很有用。

我们来看一个例子。本书作者杜春燕辅导的一名学生开展了一项探究纳米材料的绿色制备方法的课题。在研究背景部分，该同学需要概述已有的其他制备方法及其优缺点。从文中可以看出，该同学选取了几种常见的还原方法，在归纳其概念的同时，利用简单的一两句话引出该方法的缺点。

目前纳米金属的制备方式主要有物理法、化学还原法、模板法、微乳液法和绿色环境法等方法。

（1）物理法主要是在真空中加热产生高温等离子体，使金属原子蒸发后冷凝得到纳米级的金属粒子；或者使用球磨机磨制出纳米级的金属粒子，但这样制备出的纳米金属粒子粒度不容易控制且纯度不好保障。

（2）化学还原法简单易行，将 $HAuCl_4$ 溶液加热至沸腾后加入柠檬酸钠溶液并搅

[①] 燕来敏.类比法在有机化学教学过程中的应用[J].湖北成人教育学院学报,2016,22（4）：41-43；杨亚秋.类比思想的教学应用[J].中学数学教学参考,2017（18）：23-24；王岳.从类比到创新的跨越——高中物理教学中类比思想方法的灵活应用[J].课程教育研究,2017（18）：97-98；王文春，李雪春，郑姝，等.在大学物理课堂中采用类比法教学有利于拓展学生思维能力[J].物理与工程,2017,27（S1）：48-50+55.

拌，保持沸腾反应15min即可得到纳米级的金属粒子，其中柠檬酸钠既作为还原剂又作为稳定剂，但这种方法制出的纳米金属粒子单分散性较差，且柠檬酸根与纳米金属粒子表面的相互作用力相对较弱，长期放置会影响纳米金属粒子的品质。

（3）模板法是在有孔径为纳米级到微米级的微孔的模板中，结合化学沉积、超声诱导还原等手段制备纳米金属粒子，这样得到的纳米金属粒子粒度可控且分布较窄，但这种方法无法达到大批量生产，效率较低。

（4）微乳液法一般也称反胶束法，微乳液一般由4个部分组成：水相、油相、表面活性剂以及助剂，微乳液中存在大量的微乳液滴，微乳液滴的直径尺寸由表面活性剂与水的比例决定，但是通常为1~50nm，它可以很好地约束纳米金属粒子成核和长大，表面活性剂包裹在制得的纳米金属粒子表面可以有效阻止纳米金粒子的沉淀与团聚，其制得的纳米金属粒子分散性较好，且通过选择不同的表面活性剂可以修饰纳米金属粒子的表面，但这种方法中使用到的表面活性剂或其他试剂会对环境产生较大的负面影响。

（5）绿色环境法是利用细菌、真菌等微生物或纯天然植物提取物来合成纳米金属粒子，这种方法的实施过程中无毒、无害且环境友好，但是相对来说操作比较复杂，且对于微生物或天然植物提取物的要求也较高。

与论文不同，受篇幅和展示要求所限，口头报告和展板上能够呈现的文字都很有限，如何尽可能将课题的研究背景说清楚呢？这就需要巧用归纳和类比的思维工具。利用归纳方法进行列表或者梳理成思维导图，能很好地将内容以可视化的形式呈现，让观众一目了然，表达效果很好。图3-43就是某位同学在展板设计中通过图示的形式对"碳量子点的应用"这一主题进行的归纳总结。

对于涉及多方面背景知识介绍时，尤其是需要进行比较各方面的异同时，可以采用类比方法。图3-44就是某位同学在介绍前人相关研究时，采用类比的方法将不同研究组的结果以同一项数据"二氧化碳的吸收量"进行分析，让读者通过这个表格对该领域目前的研究进展以及笔者自己的研究重点了解得非常清楚。

图3-43 "碳量子点的应用"归纳图示

工作小组	研究内容	相关文献
Joan F. Brennecke *Department of Chemical Engineering,* *University of Notre Dame*	在 *Nature* 上首次报道了 [C₄Mim][PF₆] 可以大量地吸收 CO_2，8 MPa下吸收量达到了 0.8 mol CO_2/mol IL	Nature. 1999, 399(6731): 28-29
Joan F. Brennecke *Department of Chemical Engineering,* *University of Notre Dame*	研究了10种离子液体分别对 CO_2 的溶解度，阴离子对 CO_2 溶解度的影响遵循以下规律：[NO₃]⁻ < [BF₄]⁻ < [NTf₂]⁻，即 F 原子越多，CO_2 的溶解度越大	J Phys Chem B. 2004, 108(52): 20355-20365
Jong Sung Lim *Department of Chemical and Biomolecular* *Engineering, Sogang University*	通过测定泡点压力来考察 CO_2 在四种碳链长度不同的吡咯类ILs中的溶解度，CO_2 的溶解度随碳链的长度增长而增大	Fluid Phase Equilib. 2012, 332: 28-34.
James H. Davis *Department of Chemistry, University of* *South Alabama*	合成阳离子含氨基的1-（3-丙胺基）-3-丁基咪唑四氟硼酸盐（[apbim][BF₄]）。1 mol该ILs在常温常压下可吸收 0.5 mol CO_2，较高的吸收容量主要是由于离子液体与 CO_2 发生化学反应	J Am Chem Soc. 2002, 124(6): 926-927
Suojiang Zhang *Institute of Process Engineering, Chinese* *Academy of Sciences*	合成了阳离子含双氨基的离子液体1,3-二（2'-氨基乙基）-2-甲基咪唑溴盐（DAIL-Br），在303.15K，100kPa的条件，10%的DAIL-Br水溶液对 CO_2 的饱和吸收量达到了 1.05 mol CO_2/mol IL	Ind Eng Chem Res. 2013,52(17): 5835-5841

图 3-144 "离子液体在碳捕集领域的应用"研究进展类比统计表

2. 在"材料与方法"中应用归纳与类比工具

材料与方法部分是整个课题论文的基础部分，通过该部分读者可以了解到该课题是如何完成的。如果有需要，读者可以根据该部分的实验方法重复笔者的研究工作。因此对于该部分的撰写，要求详细而不啰唆，具体而有条理。在撰写材料与方法部分时，适当地运用归纳列表的方法可以起到很好的辅助作用。

如图 3-45 所示，笔者将抑菌涂层的制备方法归纳成流程图，对于读者来说能够更清楚地了解涂层的制备过程，省去了大段的描述性文字。这样的流程图适合用在口头报告或者展板设计中。

3. 在"结果与讨论"中应用归纳与类比工具

对于获得的纷繁复杂的实验数据，可以采用类比方法进行分析，获得更直观的结果。比如图 3-46 是某小组同学得到的具有不同荧光性质的胶体材料。为了更直观地说明其荧光性质的不同，该组同学将未经激发的样品放在图片的上半部分，将经过激发后发射荧光的样品的图片放在了下半部分。通过两组图片的对照，能够明显地看出荧光强度的不同，再同各组样品的制备条件进行对比，就可以很清晰地进行讨论分析了。

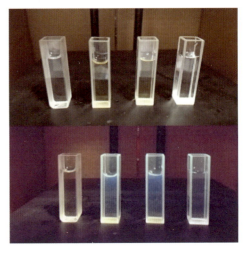

图 3-45 "抑菌涂层的制备方法"归纳图示

图 3-46 某小组同学实验制备的具有不同荧光性质的胶体材料

4. 在"结论"中应用归纳与类比工具

科学探究论文的结论部分是很难写的一部分,因为笔者必须对研究结果作出明确的结论。利用类比的方法可以更清楚地解释结果或结论。举例来说,两句结论——"实验组的幼苗生长速率很快"和"实验组的幼苗生长速率是对照组的 4 倍",哪个更有说服力?肯定第二种说法更有说服力。

5. 拓展与思考

请大家思考还有哪些工具可以应用在科学探究项目的展示与交流中?

3.8 反思与评价

3.8.1 从教育的角度反思

1. 什么是反思和反思什么

反思,反过来思考。观念分为两种:感觉(sensation)的观念和反思(reflection)的观念。感觉来源于感官感受外部世界,而反思则来自于心灵观察本身。[1]通过"问题—尝试—反思—新问题—调整—反思"得以展开和实现的,贯穿始终的是教师的"反思"。

---

[1] 北大哲学系. 西方哲学原著选读 [M]. 上卷. 北京:商务印书馆,1981:450-451.

2. 评价什么和如何评价

评测在科学教育中具有关键的作用。无论是对学生学习过程的形成性评测，还是对学生学习进展的总结性评测，都必须考虑所有的学习目标。

形成性评测是指用于帮助学生学习整合于教学活动中的评测。要使学生的学习达到理解水平，需要从他们已经具有的想法和能力出发。为了促进这样的学习，教师要保证提供的学习活动对发展概念和能力适当的挑战性。这就意味着需要知道学生在发展过程中已经进展到哪里，并且知道怎样使他们往前发展。在这个过程中重要的是帮助学生认识到活动的目标，以及如何判断他们相对于目标已经进展到的程度，使学生可以在指导自己的学习中起到作用。这类评测是在学习过程中进行的，而不是像总结性评测那样在学习完成以后再进行，所以应该嵌入课程中，并指导教师去使用它。显然，教师如果想要确保学生能最好地达到全部学习目标，那么形成性评测也应该针对所有目标。

总结性评测具有与形成性评测不同的目的。它用来在特定的时间点对学习者达到的水平作一个总结，以便向父母和监护人、新教师或是新接手的教师以及学生本人报告。作为一种总结，提供的信息一定不如形成性评测那样详细。已经收集到的信息和已用于促进学习过程的信息，如果是对不同水平成绩的评价，也可以用作总结性评测的信息来源。可以用测试或特设的任务来考查某个阶段学生的成绩，但是，很难保证能够对所有目标进行评测，因为测试的项目和特设的任务总是有限的，教师可以从许多活动中收集到有关所有学习目标的综合信息，这些信息将更为完整。将教师的评测与特定的考查结合使用，利用考查的结果调整教师的判断，这样，更有可能保证评测数据的正确性和可靠性。评测什么和报告什么反映了我们认为什么对学习是重要的，因此，不要从是否容易进行评测来局限评测的内容，这点是很关键的。[①]

3.8.2 "六顶思考帽"的思维工具

1. 六顶思考帽有什么

六顶思考帽是"创新思维学之父"爱德华·德·博诺（Edward de Bono）博士开发的一种思维训练模式，或者说是一个全面思考问题的模型。六顶思考帽是指使用六

---

① 温·哈伦.科学教育的原则和大概念[M].韦钰，译.北京：科学普及出版社，2011.

种不同颜色的帽子代表六种不同的思维模式。任何人都有能力使用以下六种基本思维模式（见表3-22）。

表3-22 六顶思考帽思维模式的区别与联系

六顶颜色的帽子	在一个问题讨论中的典型应用步骤	含　义	具体思维模式
白色思考帽	陈述问题	白色是中立而客观的	戴上白色思考帽，人们思考的是关注客观的事实和数据
绿色思考帽	提出解决问题的方案	绿色代表茵茵芳草，象征勃勃生机	绿色思考帽寓意创造力和想象力，具有创造性思考、头脑风暴、求异思维等功能
黄色思考帽	评估该方案的优点	黄色代表价值与肯定	戴上黄色思考帽，人们从正面考虑问题，表达乐观的、满怀希望的、建设性的观点
黑色思考帽	列举该方案的缺点	黑色可以被看作"生存"之帽	戴上黑色思考帽，人们可以运用否定、怀疑、质疑的看法合乎逻辑地进行批判，尽情发表负面的意见，找出逻辑上的错误
红色思考帽	对该方案进行直觉判断	红色是情感的色彩	戴上红色思考帽，人们可以表现自己的情绪，人们还可以表达直觉、感受、预感等方面的看法
蓝色思考帽	总结陈述，作出决策	想象，蓝色帽子是对思考的思考	蓝色思考帽负责控制和调节思维过程；负责控制各种思考帽的使用顺序，规划和管理整个思考过程，并负责作出结论

利用直观的六顶帽子思维过程图会更好地理解六顶帽子的实施步骤和重点（见图3-47）。平行思考的主旨是，每个人在每个方向上的经验和智慧都应被加以利用。因此争取的用法是：在某一个指定的时间段，每个在场的人都戴上黑帽，在另一个时间段都戴上白帽，才能最大限度地充分利用每个人的智慧和经验。[1]

2."拖延症"的六顶帽子

学生经常会遇到这种情况：假期里，作业是一拖再拖，总是想把今天的作业留到明天做。那么看看，学生用六顶帽子思考法是如何看待和处理这种情况的吧！

（1）黑色思考帽：考虑事物的负面。学生戴上黑色的帽子，思考如果"今天不做作业"，明天就会有更多的作业等着他们，也许明天就一点儿玩的时间都没有了。

---

[1] 爱德华·德博诺.六顶思考帽[M].北京：中信出版社，2016.

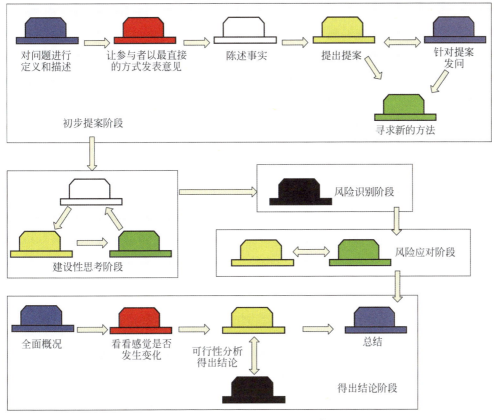

图 3-47　六顶帽子实施过程示意图

（2）黄色思考帽：考虑事物的正面。学生戴上黄色的帽子，思考如果"今天不做作业"，就会有一整天的时间可以玩，实在是太美好了！

（3）白色思考帽：考虑客观事实。学生戴上白色的帽子，他们会试着收集一些关于作业的信息。比如完成作业需要花多长时间？也许作业只需要半小时就能完成。学生会思考是否先做作业再玩呢？

（4）红色思考帽：直觉、情感。学生戴上红色的帽子，他们对于"今天不做作业"的第一感觉是没有想象中的高兴，虽然有更多的时间玩，但想到明天将会堆积更多的作业，心情实在很糟糕。

（5）绿色思考帽：创新的想法。学生戴上绿色的帽子，他们会想象一个有创意的方法来完成这份作业，比如他们希望自己能发明一个作业机器，可以与他们的大脑进行无线传输、交流沟通，帮助他们完成作业。

（6）蓝色思考帽：组织、控制事物的整个过程。学生戴上蓝色的帽子，他们觉得应该打消"今天不做作业"的想法，因为通过以上各方面的考虑，学生认为这种行为没有令他们开心，且会造成明天的作业量加大，同时考虑到作业只需要半小时就能完成，他们的决定是：抓紧时间完成作业，然后尽兴地玩！

3.8.3 "六顶思考帽"的平行思维的多维度评价

如何了解学生学到了什么呢？不同的学生评价方式不同。在这里，我们使用平行思维模式。平行思维是指从不同角度认知同一个问题的思考模式。当人们使用平行思维时，便能够跳出原有的认知模式和心理框架，打破思维定式，通过转换思维角度和方向来重新构建新概念和新认知。我们以小学生的一节科技课程为例，可以从表达、思维和数量测定三项中评价学生从上一次评估以来他们又已取得了什么进步，以及学生是否建立了概念这个目标。"六顶思考帽"的使用过程中，老师们可以引导学生在项目结束后进行反思和评价。

表达可以从"叙述清楚""观察准确""能关联到概念""能对相互作用做有条有理的描述""能使用新词语""能对他人的发言作出反应"等方面进行评价。

从思维角度入手，学生可以从"能注意到矛盾的事件""会说'我认为''这样对吗'？""能提出'什么时候''为什么''是怎么样'的或'在哪儿'这样的问题""能在新数据的启发下改变说法""能对一种说法提出质疑""能对质疑提出答辩"等方面进行评价。

从测量角度入手，可以从"能汇集数据""会整理数据""会使用数据"这几个方面进行评价。

1. 反思前，先了解活动设计目标

1）一个"蜜蜂栖息地"的 STEM 活动设计

（1）总体工程目标：利用乐高设计一个动态模型，展示出在蜜蜂栖息地中找到的一种动物，并表现蜜蜂和这种特定动物之间的生存关系。

（2）拆解任务：

任务①，在蜜蜂栖息地中找到一种动物，理解它和蜜蜂之间的关系，并用思维导图描述。

任务②，利用乐高创造动态模型，表现栖息地中蜜蜂和特定动物的关系。

任务③，利用科学海报介绍自己研究的问题和最后解决该问题的工程方案。

三个任务落实到整个项目研究过程中对应四个阶段完成（见图 3-48）。

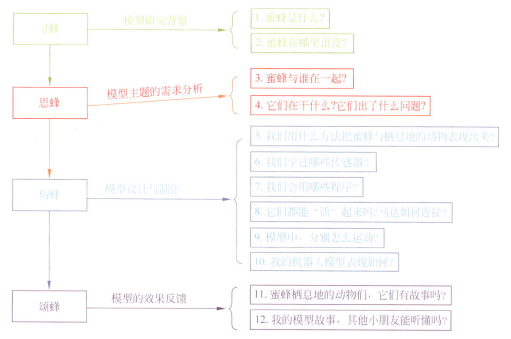

图 3-48 "蜜蜂栖息地"项目研究的四个过程

2）前测的知识概念基础

（1）科学

① 知道动物和植物都是生物。

② 说出生活中常见的动物的名称及特征。

③ 说出动物的某些共同特征。

（2）数学

① 100 以内的加减运算。

② 可以绘制 2×3 的统计表格。

③ 理解对称并能画出各种对称图形。

（3）技术

① 认识常见工具，了解其功能。

② 使用工具对材料进行简单加工。

③ 掌握乐高类机器人的基本搭建技巧。

④ 能够使用乐高类机器人的传感器和电机进行简单的程序设计。

（4）工程

① 知道我们周围的人工世界是由人设计并制造出来的。

② 对自己和他人的作品提出改进建议。

3）汇报展示方案

（1）学生需要完成乐高机器人模型（见图3-49）和模型对应的宣传海报。

图3-49　学生完成的"人与蜜蜂共生关系"的机械模型

（2）学生展示准备答辩的PPT和演讲稿，预设10～20个不同阶段的问题，如合作的困难、选题的方向、模型制作的亮点、为什么机器人要和蜜蜂主题结合等。

（3）学生可以配套设计队服、队徽、团队推广表演的主题歌。

（4）学生可以参加环境类、机器人类、科学展示类的相关比赛；还可以把自己的研究汇报发布到网络上，拍成视频播放。

2. 终结性评价量表的形成

利用"六项思考帽"的思维工具，我们提出不同角度的问题，帮助学生形成终结性评价量表。量表由学生最后生成。

团队同学们一起进行集中思考，在轻松的氛围内愉快地解决繁杂的问题：

白色思考帽要搜寻和展示客观信息，保持中立和客观。红色思考帽是你主观的感觉，可以把你的直觉和预感都表达出来。情绪也是你思考的一部分。黑色思考帽关注的是事物的消极面，黄色思考帽关注的是事物的积极面。为了防止盲目乐观，我们要戴上黄色思考帽鉴别哪些是符合逻辑的。绿色思考帽代表新想法，为了让选择更合理、更有创意，我们要经常打破定式，用发展取代判断。绿色思考帽让我们合理地使用"诱因"。蓝色思考帽是对思考的思考，负责调控整个思考过程。

（1）能不能用自己的语言清晰表达整个研究的全过程，包括如何选择研究主题、运用了哪些技术解决眼前的问题、团队中各自都发挥了什么作用？（蓝色帽子）

（2）科学事实的建立，以及如何从此事实提出模型设计的思路？（白色帽子）

（3）能够在模型中熟练使用电机并且掌握电机运动的三种基本状态。（白色帽子）

（4）能够在模型中解释：动物能适应环境，通过获取植物和其他动物的养分维持生存。（黄色帽子）

（5）模型需要的特殊零件太多，有没有其他可以代替乐高的材料，另外，一定是乐高才可以完成吗？（绿色帽子）

（6）能够利用LDD设计简单的模型搭建图。（绿色帽子）

（7）利用提供的材料和工具，通过口述、图示等方式表达自己的设计与想法，并完成任务。（蓝色帽子）

（8）是否相互配合，在团队中有没有过分地自我表现？（蓝色帽子）

（9）合作过程中，遇到的问题是什么？有哪些是最后也没有解决的遗留问题？（黑色帽子）

到此，可以归纳这个项目，通过四个维度进行整体评价。

（1）我们的团队

① 展示每个队员和教练。

② 每人分享一个关于她/他的趣事。

③ 介绍我们的队伍。

（2）我们的研究

① 介绍我们遇到的问题和如何找到答案。

② 介绍我们和专家的对话、实地考察的成果，我们从中学到了什么。

③ 感谢帮助过我们的人。

（3）我们的动物

① 展示我们的动物。

② 描述它的长相和生存状况。

③ 说明人类和它们的关系。

（4）我们的模型

① 展示模型的一个照片。

② 描述设计模型、搭建模型的过程。

③ 介绍马达如何带动这部分进行运转。

项目评价和反思过程中可以对应的操作题目如表3-23所示。

表 3-23 项目评价和反思过程中可以对应的操作题目

序号	评价目的	评价方向	具体操作的题目
1	情感态度	快乐	你为什么选择参加这个活动?
2		团队	能介绍一下你的团队吗? 你们的队伍名称是什么?怎么取的名字?
3	知识技能	自主	你们如何搭建出这个模型的? 能介绍一下你们的模型吗? 你们如何寻找有关动物和栖息地的信息? 你们的动物住在哪里?
4		互助	你学到的最有趣的内容是什么? 你知道人类可以怎么帮助蜜蜂或你的动物战胜它们遇到的生存问题吗?如何帮助?
5	过程方法	分享	你还有什么要和我们分享的?
6		成功	关于蜜蜂和你的动物,你最喜欢的部分是什么?

3. 实施反思

通过蜜蜂栖息地中的动物的研究,实现了在小学低年级的"仿生机器人"活动。学生享受这样的技术课程设计内容:团队分工、合作更清晰地表现了出来,同时也能发挥他们对生物学、科学、历史等方面知识的表现。所以说,生命教育其实在技术课程中也能逐步渗透与深入。让我们的教育不要流于表面,让学生真正从骨子里敬畏自然、崇尚自然,同时又愿意用自己的技术让我们的生活更美好。

通过收集证据、归纳整理、反思研究、建构模型、推广研究成果,学生更深刻地体验到生命的价值、技术对于人类发展的影响。学习过程就是一种享受生命的过程,这种关怀是社会价值、个人价值和教育自身发展价值在"生命活动"实践中的统一,在此教育实践中教师的价值得到实现,生命质量得以提升。使人们学会尊重生命、理解生命的意义及生命与天人物我之间的关系,学会积极地生存、健康地生活与独立地发展,并通过彼此间对生命的呵护、记录、感恩和分享获得身心和谐、事业成功、生活幸福,从而实现自我生命的最大价值。

学技术的学生因为痴迷于技术本身,有时会迷失方向,这就是为什么很多武器的制作者往往最终会发现被人利用,或者原本不是他想要的那样。作为教师,我们要引导这些对技术本身痴迷的学生,了解社会、了解环境,做环境的友好使者,做更有意义和积极的技术改革者。所有的提高和技术的变革,都要考虑到环境本身,以及人与自然的和谐相处。例如,在笔者的机器人课堂中,经常会利用很多与生命教育相关的问题,引发学生的思考,引导他们利用技术去改变。

在低年级学生的机器人活动中，就不断引起他们关注身边弱小的群体，感知它们，"变成"它们去体会世界，唤起"技术宅"的悲悯心。

在低年级学生的机器人课程中，重点倾向于让学生从自然的角度选择机械结构模仿和建筑结构设计的对象。比如，动物植物本身、动物植物的生态环境、自然界中水的运行方式、风与海啸的诞生。这样的主题一方面可以让学生把研究自然、思考自然养成习惯；另一方面可以用乐高表现丰富的世界，也为后面学生进行更复杂的设计打下基础。